Ganz persönlich
Beckfelds Briefe

Mit Illustrationen
von Günter Donatz

Henselowsky
Boschmann

Hermann Beckfeld wurde 1955 in Bottrop geboren. Er ist seit 14 Jahren Chefredakteur. Seine Briefe erscheinen seit 2012 jeden Samstag im Wochenendmagazin der Ruhr Nachrichten, der Dorstener Zeitung, der Halterner Zeitung, der Münsterland Zeitung … Dieses Buch enthält 63 seiner Briefe. Hermann Beckfeld hat acht Journalisten-Preise gewonnen, darunter den renommierten Theodor-Wolff-Preis.

Bücher vonne Ruhr
Schützenstraße 31, 46236 Bottrop
post@vonneruhr.de
www.vonneruhr.de
1. Auflage 2014
ISBN 978-3-942094-48-1
llustrationen: Günter Donatz
Herstellung: Freiburger Graphische Betriebe

Ganz persönlich
Beckfelds Briefe

»Sie haben die Gabe, Unausgesprochenes auszusprechen. Ich bewundere Ihre Ehrlichkeit und Offenheit, aber auch Ihr Feingefühl und Ihren Takt. Sie können auch Mut machen. Manchmal gehen Sie an Ihre Grenzen. Wenn alle Menschen so miteinander umgehen würden, wäre es friedlicher um uns herum.«

(Eine Leserin der Ruhr Nachrichten)

Am 6. Dezember 2012 kam sein neuer Film »Die Libelle und das Nashorn« in die Kinos. Mario Adolf spielte einen alten Mann – und ein bisschen sich selbst.

Sehr geehrter Herr Adorf,
als Kind habe ich Sie gehasst. Sie haben Nscho-tschi, die wunderschöne Schwester von Winnetou, erschossen. Als sie in den Armen ihres geliebten Old Shatterhand starb, heulte der ganze Kino-Saal. Und als wir den Film nachspielten, wollten alle Jungen der unerschrockene Häuptling oder sein starker Freund sein, aber keiner Sie, Santer, der Schurke.

Nach Ihrem feigen Mord sind wir beide uns lange Zeit aus dem Weg gegangen. Ihre Filme waren nicht meine, Ihre Rollen gefielen mir nicht. Sie waren zu oft der feiste Mexikaner, der korrupte Mafiosi, der Massenmörder, der Ganove mit der weißen Weste.

Aber dann war ich reif für den jungen deutschen Film, für »Die verlorene Ehre der Katharina Blum«, für »Die Blechtrommel«. Ihr Image wandelte sich. Aus dem Bösewicht wurde der mächtige Unternehmer, der zuweilen selbstherrliche Patriarch, der gockelhafte, unterwürfige Promi-Wirt, der Komödiant in einem meiner Lieblingsfilme: »Rossini – oder die mörderische Frage, wer mit wem schlief«.

Sie haben sich hochgekämpft, vom Jungen aus dem Waisenhaus, der seine Mutter nur am Sonntag besuchen durfte, vom schlecht bezahlten Komparsen am Theater zum skandalfreien Weltstar mit rund 200 Spielfilmen in mehr als 50 Jahren. Sie haben eine Ausstrahlung wie kein zweiter deutscher Schauspieler. Die Frauen schwärmen von Ihnen, weil Sie immer Wert auf Ihr Aussehen legen, weil Sie so charmant sind. Sie haben ein Lächeln, das so vieles verrät, aber nicht alles. Sie sind ein gelungener Mix: der schlitzohrige, flirtgewandte Halbitaliener mit französischer Leichtigkeit, deutscher Disziplin und Höflichkeit. Humorvoll, intelligent, immer mit einer Spur von Romantik und Unsicherheit. Das lieben Frauen. Trotz aller Erfolge sind Sie auf dem Teppich geblieben. Nie würde es Ihnen einfallen, Kollegen oder Regisseure zu kritisieren. Sie sind mit 82 ein Gentleman vom weißen Kopfhaar bis zu italienischen Designerschuhen.

Sehr geehrter Herr Adorf,
Ihr neuer Film »Die Libelle und das Nashorn« kommt am 6. Dezember in die Kinos. Sie spielen einen alten Mann, den eitlen Nino, einen gefeierten Schauspieler, dem nach einer Lesung aus seiner Biographie das Publikum zu Füßen liegt. Der danach an der Hotelbar eine junge Frau trifft und mit ihr eine sonderbare Nacht verbringt. Ich kenne dieses Hotel in Dortmund, ich kenne die Bar. Nach der Premiere werde ich dort ein Pils trinken und darüber nachdenken, ob Nino nicht den Mario spielt.

(01.12.2012)

Rudi Assauer galt lange als der Macho der Bundesliga. In einer ZDF-Dokumentation bekannte sich der Ex-Manager des FC Schalke zu seiner Alzheimer-Erkrankung.

Lieber Rudi,
wenn ich mir etwas erträumen dürfte, dann wäre heute alles wie früher: Vor und nach dem Derby würdest Du im VIP-Raum Deine Grand Cru No. 3 paffen, eine Zigarre, die Davidoff nur für Dich produziert. Du wärest umlagert von Fans, Frauen und Kamerateams, die Dich um Autogramme, Erinnerungsfotos und Interviews bitten. Mit dem Mann, der nie ein Diplomat am Mikro war und sein wollte. Der für ungeschminkte Wahrheiten stand, die manchmal wehtaten. Die Du häufig macho-arrogant, zuweilen oberflächlich und schnoddrig rüberbrachtest. Du konntest auch ungerecht, verletzend sein. Was andere von Dir dachten, war Dir egal. Du warst der Macher, der Chef, der Bauherr der Arena. Du warst Schalke. Und Du warst vor allen Dingen ein Mann mit einem ganz großen Herzen, der half, wenn er helfen konnte, und es nicht an die große Glocke hängte.

Die ungeschminkte Wahrheit, sie lässt sich auf Deiner Homepage ablesen. Der letzte Eintrag, datiert vom 27. April, drei Tage vor Deinem 68. Geburtstag. Der Anfang des Trude-Herr-Liedes: »Wenn man Abschied nimmt, geht nach unbestimmt, mit dem Wind, wie Blätter wehn.« Im Februar hat uns die Nachricht von Deinem unschlagbaren Gegner Alzheimer schockiert, die Dokumentation im ZDF aufgewühlt. Es waren Bilder der Ohnmacht, der Wut, der schleichenden Resignation, der Angst vor der Leere im Kopf. Vor dem Gedächtnisverlust. Selten, aber immerhin, da blitzte Dein schelmisches, unwiderstehliches Lächeln hinter dem Qualm der Zigarre auf, da formuliertest Du klare Gedanken. Nein, Du wolltest nach dem mutigen Schritt in die Öffentlichkeit kein Mitleid. Wenn überhaupt, dann wolltest Du Respekt einfordern. Für Dich, für Millionen andere Alzheimer-Erkrankte und deren Angehörige. Es ist ein Skandal, dass das ZDF den Film erst kurz vor Mitternacht zeigte. Viel zu wenige haben gesehen, gelernt, was Alzheimer-Erkrankte brauchen, was ich Dir für die Zukunft wünsche: Zuwendung, Verständnis, Geborgenheit. Eine Bezugsperson, der Du vertraust. Die Sicherheit, nicht in Frage gestellt zu werden. Die Wahrnehmung, dass Du noch eine respektable Person bist. Die Anerkennung Deines Mutes.

Lieber Rudi,
Du bist der einzige Schalker, den die Schwarzgelben lieben. Im Dortmunder Stadion würden Dich heute 80.000 herzlich begrüßen, und Deine Kumpels aus der 66er-Elf würden Dich in den Arm nehmen. Als erste deutsche Mannschaft habt Ihr den Europapokal gewonnen. Ich wünsche Dir, dass Du Freunde hast, die Dich auch im Herbst Deines Lebens nicht vergessen. Die Dich in der Wohnung in Herten besuchen, in Deiner neuen einsamen Welt. (20.10.2012)

Peter Bachér, Schriftsteller und Journalist, wurde vielfach ausgezeichnet für seine einfühlsamen Texte. Mitte 2012 veröffentlichte er sein Buch »Alle Karten auf den Tisch«.

Sehr geehrter Herr Bachér,
es sind nicht nur Ihre Texte, die ich bewundere. Wer so schreibt wie Sie, so einfühlsam, mit so viel Wärme und Freude, ja manchmal auch mit Melancholie, der muss ein wundervoller Mensch sein. Ein Mensch, der lieber beobachtet, als selbst im Mittelpunkt zu stehen. Einer, der zuhört, sich hineinversetzt in den Gegenüber, der Verständnis für dessen Sorgen hat. Einer, der sich Zeit für den anderen nimmt.

Peter Bachér, 1927 in Rostock geboren, ein Urenkel von Theodor Storm – so beginnt Ihre Biographie, so lese ich es auf der vorletzten Seite Ihres neuen Buches mit dem Titel »Alle Karten auf den Tisch«. Für dieses Buch haben Sie die besten Geschichten ausgewählt, die Sie als Autor und Kolumnist von Zeitungen und Magazinen in den vergangenen vier Jahrzehnten geschrieben haben. Hochachtung. Auch dieses Buch ist ein Kunst- und Nachschlagewerk, es ist zu schade, um es nur einmal zu lesen. Weil Sie mit Worten die Werte des Lebens streicheln. Freundschaft, Menschlichkeit, Liebe, Vertrauen. Weil Sie uns so unaufdringlich Weisheiten vermitteln. Lebenshilfe ohne moralischen Zeigefinger.

Sie schreiben so kluge, so einfache Sätze, die in unseren Kopf, in unsere Seele schweben. Beispielsweise über die Ehe. »Eine gute Ehe ist das Gespräch ohne Anfang und ohne Ende.« Oder: »Das Glück einer Ehe hängt vom Loslassen ab, von der Kunst, dem Partner sein Leben zu gönnen.« Sie schreiben übers Altern und die drei Säulen, die beginnen wegzubrechen: Gesundheit, Beruf, Freundschaften. »Wenn man alt wird, muss man viele Namen aus dem Telefonbuch löschen.«

Es sind die Themen, die wir alle durchleben: Die Angst vor der Einsamkeit, vor der Zukunft, vor dem Tod. Die Trauer um eine geliebte Person. Die kleinen, doch so großen Glücksmomente im Alltag. Aus Ihren Worten spricht Demut, Dankbarkeit für ein reiches Leben. Aber auch Selbstzweifel, Neugierde. »Man ist auch im Alter immer ein Anfänger im Spiel des Lebens.«

Sehr geehrter Herr Bachér,
Ihre Schatzkiste des Lebens ist gefüllt mit Erfahrung, Gefühl, Liebe. Sie öffnen uns diese Schatzkiste mit wunderbaren Worten. (14.07.2012)

Als die Bundesliga 1963 startete, war Franz Beckenbauer noch nicht am Ball. Er ist trotzdem unser Fußball-Kaiser. Als Libero, Teamchef und TV-Experte.

Lieber Franz Beckenbauer,
auch wenn Sie beim Start der Bundesliga vor 50 Jahren noch nicht am Ball waren und damals in der Regionalliga Süd spielten: Keiner hat von Beginn an mich und meine Fußball-Leidenschaft intensiver begleitet als Sie. Ich bin als kleiner Junge mit meinem Vater von Bottrop nach Essen zum Stadion an der Hafenstraße gelaufen, um unsere Rot-Weißen gegen Ihre Bayern gewinnen zu sehen – aber Sie habe ich bewundert.

Zur WM 1966 war es Ihr Foto, das ich zuerst in mein Fußball-Album klebte. Und ich starrte fasziniert auf den Schwarz-Weiß-Bildschirm, wie Sie, gerade mal zwanzig, durch die Schweizer Abwehr dribbelten. 1970, beim 3:4-Jahrhundertspiel, kämpften Sie mit gebrochenem Schlüsselbein gegen die brüllende Hitze, elf schlitzohrige Italiener und einen korrupten Schiedsrichter. 1974 waren Sie mein Rebell, der sich gegen den Trainer mit der Mütze auflehnte und Weltmeister wurde.

1986, bei der WM in Mexiko mit Ihnen als Teamchef, haben wir uns vor dem Mannschaftshotel in Querétaro zufällig getroffen. Ich habe mich vorgestellt, und wir haben uns vielleicht fünf Minuten unterhalten. Millionen Menschen sind Ihnen seitdem über den Weg gelaufen, doch wenn wir uns begegnen, sprechen Sie mich mit meinem Namen an.

Sie können es nicht wissen: Vier Jahre später, nach dem Finalsieg gegen Argentinien in Rom, saß ich auf der anderen Seite des Zauns, als Sie in den Minuten des Jubels mutterseelenallein und in Gedanken versunken über den Rasen gingen. Ich bin überzeugt, es waren die ersten Schritte in ein anderes Leben.

Sie sind als Spieler und Teamchef Weltmeister geworden, haben so viele Titel gewonnen. Doch für mich haben Sie Ihre größten Leistungen nicht auf dem Platz gebracht. Mir gefällt, wie respektvoll und geduldig Sie heute mit Menschen umgehen, wie Sie sich mit Ihren Stiftungen für die Schwachen einsetzen und bei allem Engagement und Erfolg bescheiden bleiben. Wie Sie Herausforderungen meistern und Verantwortung übernehmen. Vor der WM 2006, die Sie nach Deutschland holten, als die Welt zu Gast bei Freunden war, haben Sie die Welt besucht, alle 31 Freunde. Und während des Sommermärchens sind Sie mit dem Hubschrauber von Stadion zu Stadion gehetzt, um überall ganz nah dran zu sein.

Zu einem authentischen Leben gehören Fehler, Verluste, Enttäuschungen. Aber auch die richtige Art und Weise, damit umzugehen. Als junger Spieler waren Sie ab und an ungerecht, jähzornig, arrogant, schossen so manches belächelte Eigentor, auch als Suppen-Kaiser und Sänger. Nach einer folgenreichen Weihnachtsfeier drucksten Sie nicht lange herum. Der Eigenanzeige in Ihrem Kolumnen-Blatt folgte ein Spruch, der schwer zu kontern war: »Der Herrgott freut sich doch über jedes Kind.« 2001 starb Ihr Ersatzvater und Manager Robert Schwan, Sie stürzten in ein tiefes Tal. Es war der Moment, in dem Sie endgültig Ihr Leben selbst in die Hand nehmen mussten. Es war auch der Moment, in dem Sie reif genug wurden, die besten Berater und Freunde für sich zu gewinnen.

Lieber Franz Beckenbauer,
früher haben Sie Sprüche und Meinungen rausgehauen und am nächsten Tag das Gegenteil behauptet. Heute schieben Sie lieber mal ein »Schaun mer mal« ein, ehe Sie antworten. Mir gefallen Sätze, mit denen Sie sich und Ihre Welt einordnen. Wenn Sie sagen, was Ihnen wichtig ist: die Familie, die Berge, die Ruhe auf dem Bauernhof, das Gläschen Wein am Abend. Und auch wenn Sie zum Fußball und zur Bundesliga eigentlich nichts zu sagen haben, tun Sie es trotzdem. Bitte! Sonst würde uns etwas fehlen. (10.08.2013)

Boris Becker hat nach seinem letzten Matchball nichts ausgelassen, um Kredit zu verspielen. Doch kurz vor dem ersten Aufschlag in Wimbledon werden sie wach, die Erinnerungen an einen Ausnahmesportler.

Lieber Boris,
Mallorca, Saint-Tropez, Cannes, Miami – ich weiß gar nicht, wohin ich diesen Brief schicken soll. Du hetzt durch die Weltgeschichte und Dein eigenes Leben, aber zuhause bist Du nirgendwo.

In der übernächsten Woche spielen sie wieder Tennis in Wimbledon, Du wirst für die BBC kommentieren und von Zeiten erzählen, in denen ich Dein großer Fan war. Um zwei Uhr morgens stand ich auf, um drei fuhr ich mit dem Taxi nach Wimbledon. Ich wartete acht Stunden lang in der Queue, der Schlange vor den Schaltern, bis ich ein Ticket für Court Number One in Händen hielt. Auf dem dann Du, Steffi und Michael Stich gewonnen haben. Du warst mehr als der schüchterne 17-jährige Junge aus Leimen, der auf dem Rasen von Wimbledon nach dem ersten Finalsieg die Arme hochriss, der mit dem ungeliebten Doppelpartner Stich über Gold bei Olympia jubelte und im Davis Cup gegen John McEnroe das Spiel seines Lebens machte. Du warst unser Vorbild, wir hechteten wie Du, um Ziele zu erreichen, und ballten die Becker-Faust, wenn wir etwas geschafft hatten. Deine Ausstrahlung, sie war magnetisch. Bei einem Spiel saß ich neben einer Tennis-Muffelin. Als Du in die Halle kamst, spannte sich ihr Körper an, beim Matchball stand sie auf dem Stuhl.

Heute gockelst Du mit Deiner Gattin über jeden roten Teppich, setzt Dein Pokerface auf und brauchst die Couch von »Wetten, dass ..?« für Deine Beziehungsgeschichten. Typen wie Du, wie der fette Calmund und die unerträgliche Katzenbacher sind nicht mein Fall. Sie vermarkten sich selbst, erzählen viel, aber haben uns nichts zu sagen. Dich mag ich trotzdem. Gern würde ich Dich in meine Stammkneipe, »Hürter« heißt sie, einladen, zu Pils und Frikadellen und Dir drei Fragen stellen. Was ist Dir außer der Familie wertvoll? Hast Du schon mal Dein erstes Leben in kurzen Hosen verflucht? Bist Du glücklich?

Lieber Boris,
ganz am Ende unseres Gespräches bei »Hürter« würde ich Dir eine kleine Geschichte erzählen, und vielleicht würdest Du dann so schelmisch-sympathisch lächeln wie damals, als die Welt um Dich herum verrücktspielte. Es war der 7. Juli 1985. Meine Freundin schlief in meinen Armen, ich saß gebannt vor dem Fernseher. Als sie aufwachte, war ich durchgeschwitzt, völlig fertig – und Du der jüngste Wimbledon-Sieger aller Zeiten.

(16.06.2012)

Im Juli 2013 feiert die Castingshow »Deutschland sucht den Superstar« 10-Jähriges, und er ist immer noch der Chef der Jury und ihr oberster Sprücheklopfer. Dieter Bohlen, ein Typ, den man mag oder hasst.

Lieber Dieter,
letzten Samstag, fürs Grillfest im Garten, habe ich meinen alten Schallplattenspieler aus dem Keller geholt, und am späten Abend war es dann wie vor 30 Jahren. Die Nadel kratzte durch die Rillen, jeder kramte seine Lieblingssingle aus dem Stapel, und irgendwann lag ganz oben ein Cover von Modern Talking. Zwei Strahlemänner, der eine mit pechschwarzem, gewelltem Haar und der Nora-Kette um den Hals, und Du mit den weißesten Zähnen der Branche, mit dem weit aufgeknöpften Hemd und diesem hintergründig-verschmitzten Bohlen-Lächeln. You're My Heart, You're My Soul. Tief in meinem Herzen, da ist ein Feuer, ein brennendes Herz …

Ich wollte Dir schon lange schreiben, aber es fehlte der Anlass. Nun aber feiert Deine Castingshow »Deutschland sucht den Superstar« das 10-Jährige, und ich sehe Bilder in der Zeitung, wie zehntausend kreischende Teenies im Provinznest Soltau einem 59-Jährigen in weißem Hemd, weißer Hose und weißen Glitzer-Turnschuhen zujubeln. Zum Jubiläum gratulieren möchte ich Dir nicht, ich war von Anfang an kein Fan der Fremdschäm-Show und der blöden Küblböck-Exoten. Der Superstar warst und wirst immer Du bleiben. Ich kann nicht verhehlen, dass mich Deine Sprüche, wenn sie nicht zu sehr unter die Gürtellinie gingen, amüsiert haben: »Wenn schlechte Stimmen fliegen könnten, wärst Du ein Satellit.« Aber irgendwie finde ich Dich zu schade für so etwas Flaches, für so etwas Vorhersehbares. Dein Genie schreit nach Überraschungen.

Ich schätze Typen wie Dich, die man entweder hasst oder mag. Typen, die anecken, austeilen und einstecken. Die wir nicht in Schubladen packen können. In Deinem Zeichentrickfilm hast Du dich selbst auf den Arm genommen, dann wiederum joggst Du wie ein eitler Pfau über die Partymeile in Cala Ratjada. Wie der geizige Dagobert Duck kannst Du nicht schnell genug die Kohle auf Dein Konto schaufeln, spontan steckst Du aber denen, die es wirklich brauchen, Scheine zu.

Auf der Bühne, sorry, da kamst du irgendwie immer ein wenig dämlich rüber. Mit dem scheinbar lässig wiegenden Kopf und der Gitarre als Fremdkörper. Gleichzeitig hast Du selbst für Peter Alexander Hits produziert und mal nebenbei für Sportschau und Tatorte Melodien und Lieder geschrieben. Was Du anfasst, machst Du zu Platin und Gold wie zuletzt für Andrea Berg.

Du hast mehr Straßenabitur als alle Juroren, die irgendwann mal neben Dir, dem Boss, sitzen durften. Wie schlimm musste es für Dich sein, wenn Dich Thomas Gottschalk auf seiner »Wetten, dass..?«-Couch stets links liegen ließ.

Lieber Dieter,
in Deiner Biographie hast Du über Deinen Vater Hans geschrieben. Er war ein knallharter Geschäftsmann, ein Baulöwe, der schuften konnte und einen rüden Ton pflegte. Der mit dem dicken Mercedes zu den Baustellen fuhr, die Scheibe runterkurbelte und die Maurer anstachelte, schneller zu arbeiten. Den Existenzängste

plagten, von dem du nicht selten Schläge bekommen hast und der einmal sogar Dein Sparschwein plünderte. Ich glaube, die Kindheit hat Dich geprägt, hat Dich angestachelt, reich, erfolgreich, unabhängig und frech zu sein. Du hast vieles erreicht, aber nicht alles. Du hast einen Satz gesagt, der mir besser als all Deine Sprüche gefallen hat: »Jede Schallplatte in Gold und Platin würde ich für eine glückliche Ehe und Familie hergeben.«

(13.07.2013)

2013 war nicht das Jahr des Rainer Brüderle. Erst musste er als Auslöser einer Sexismus-Debatte herhalten, dann verlor er den Machtkampf gegen Parteichef Rösler und verletzte sich auch noch bei einem Treppensturz schwer.

Sehr geehrter Herr Brüderle,
Sie werden mir sicherlich nicht widersprechen, wenn ich behaupte, dass es in 2013 bisher alles andere als optimal für Sie gelaufen ist.

Im Januar waren Sie für das »Stern«-Magazin »Der spitze Kandidat«. Eine Journalistin durfte unter dieser Überschrift ihre Reportage mangels eines anderen reißerischen Einstiegs und mit Blick auf die flaue Auflage des Blattes mit ihrem Treffen an einer Bar beginnen. Leider war der Vorfall ein Jahr alt, aktuell war nur die Debatte über Sexismus, lächerlicherweise aufgehängt an Ihrer Person. Es folgte der Machtkampf mit Parteichef Philipp Rösler. Anfangs spielte er den glücklosen Caesar, Sie den erfolgreichen Brutus; zum Schluss war er (endlich) der starke Mann der FDP, und Sie waren der Feigling, der sich überrumpeln ließ und den Schwanz einzog, als der ungeliebte Parteichef Rösler Ihnen sein Amt anbot. Kurz vor Ihrem 68. Geburtstag sind Sie dann richtig abgestürzt, haben sich nach dem Besuch von Zuckmayers rheinhessischem Volksstück »Der fröhliche Weinberg« und eines Gasthofs Brüche an Arm und Bein zugezogen.

Es scheint wohl das Schicksal der FDP zu sein, dass ihre Mitglieder nach rhetorisch gewandten Vorturnern als Hoffnungsträgern gieren, um Ihnen zuzujubeln, bis diese maßlos überdrehen und in der eigenen Partei belächelt, ja ins Abseits gestellt werden. So erging es Jürgen W. Möllemann, danach Guido Westerwelle und auch Ihnen. Wobei Sie die Berg- und Talfahrt, vom ewig lächelnden Gute-Laune-Onkel zum zwischenzeitlich mächtigsten Mann der Liberalen bis zu Ihrem Absturz erstaunlich unfallfrei überstanden haben. Vielleicht auch, weil Sie mit dem Instinktpolitiker Möllemann und dem staatstragend daherredenden wie pointensicheren Westerwelle eines gemeinsam haben – den Mut zu frechen, humorvollen Sprüchen, die Reden nun mal brauchen. Da warfen Sie dem Umweltminister im Kabinett Schröder, Jürgen Trittin, dem »Erfinder des Dosenpfands«, vor, er würde den Euro nachhaltig in eine Blechwährung verwandeln, und Kanzlerkandidat Peer Steinbrück, dem »Genossen Pump«, gaben Sie mit auf den Weg: »Besserwisser sind noch keine Bessermacher.« So etwas kommt an, besonders bei der FDP und in Zeiten, da Sie keinen Chef hat, zu dem sie aufschauen kann.

Lieber Rainer Brüderle,
ich mag Sie trotzdem. Weil Sie einer der wenigen Politiker sind, die es wagen, Klartext zu sprechen. Beispielsweise widersprachen Sie als Wirtschaftsminister während der Opelkrise selbst Ihrer Chefin und verweigerten staatliche Hilfe. Oder hatten den Mut, nach der Nuklearkatastrophe von Fukushima die Reaktion der Deutschen als hysterisch einzuordnen – ganz im Gegensatz zu vielen Stimmenfängern vor den Landtagswahlen. Sie sind, 1945 geboren, ein Kind der Nachkriegszeit, das nichts geschenkt bekommen hat. Clever, volksnah, ohne Allüren, geerdet. Zuweilen harmlos, dann wieder überraschend fachkundig. Und einer der wenigen, die uns zeigen, dass Politik auch Spaß machen kann.

(31.08.2013)

Grenzenlose Liebe: Anfang 2008, da musste Willy Brummer seine an Demenz erkrankte Frau in ein Pflegeheim bringen. Seitdem besucht der 86-Jährige sie jeden Tag.

Sehr geehrter Herr Brummer,
in dieser Woche wurde Rudi Assauer, der Ex-Manager der Schalker, 70 Jahre alt. Sicherlich haben Sie die Berichte über sein Leben, seine Liebe zu Königsblau und seine Alzheimer-Erkrankung gelesen, vielleicht haben Sie auch Bilder von der Geburtstagsparty gesehen. Mit mehr als 200 Ehrengästen, darunter Prominenten aus der Bundesliga. Tochter Bettina strahlte in jede Kamera.

Rudis Lächeln dagegen wirkte meist gequält, er war offensichtlich überfordert von dem Auftrieb, und sein Blick ging ins Leere. Der einst starke Mann des Fußballs, irgendwie hilf- und wehrlos, gleichgültig, gefangen in einer Welt, aus der er nicht ausbrechen kann.

Ihre Geschichte habe ich nur durch Zufall entdeckt. Es ist eine Geschichte, die mich unendlich traurig macht, die mich aber auch wärmt, weil sie mich an das Gute glauben lässt und – auch wenn es sich noch so abgedroschen schreibt – an die Kraft der Liebe.

Der 7. Januar 2008. – Ich bin sicher, das war der schlimmste Tag in Ihrem Leben. Es war der Tag, an dem Sie die Sachen Ihrer Frau packen und Ihre große Liebe ins Pflegeheim fahren mussten. Demenz. »Es ging nicht mehr, sie lief fort, wanderte nachts durchs Haus«, zitiert Sie die Autorin der Geschichte in der Wochenzeitung »Die Zeit«.

Ich lese, dass Sie nicht mehr wissen, was Sie Ihrer Frau, mit der Sie seit 55 Jahren verheiratet sind, zum Abschied gesagt haben. Aber Sie haben nicht vergessen, was die

Pflegerin Schwester Theodorika Ihnen mit auf den Weg gegeben hat: »Vergiss sie nicht.«

Seit sechs Jahren ist kaum ein Tag vergangen, an dem Sie Ihre Frau nicht besucht haben. Bis mittags erledigen Sie mit Ihren 86 Jahren allein die Haus- und Gartenarbeit, dann setzen Sie sich in den Wagen, kaufen unterwegs zwei Stücke Sahnetorte beim Konditor in Ihrem kleinen Dorf nahe München und fahren ins Pflegeheim.

Bei Kaffee und Kuchen erzählen Sie Ihrer Frau Geschichten, die sie früher Ihnen erzählt hat. Von den Blumen im Garten, von den Nachbarn, von den herrlichen Urlauben, jedes Jahr nach St. Moritz. Vom Sohn, der einmal in der Woche kommt und Ihnen sagt: »Das ist nicht mehr meine Mutter.« Von der Schwiegertochter, die Ihre Frau nur noch ganz selten besucht und sagt: »Sie erkennt mich nicht mehr.« Von der Enkelin, die nicht weiß, was sie studieren soll. Manchmal, zum Geburtstag, zu Ostern oder einfach so, da organisieren Sie kleine Partys. Nur für Ihre Frau, für Zimmernachbarn, für deren Angehörige, die sich ebenfalls kümmern.

Lieber Herr Brummer,
ich bewundere Sie und alle anderen, die aus Liebe ihr Leben, ihre Träume zurückstellen. Ich weiß, dass Ihr größter Traum war, einmal nach Griechenland zu reisen. »Ich mache das, wenn ich mal viel Zeit habe«, sagen Sie und schauen dabei zärtlich Ihre Frau an, die im Rollstuhl sitzt. Ihr Blick geht ins Leere. (03.05.2014)

Im November 2013 wirbt Howard Carpendale für sein neues Album und die Tournee im kommenden Jahr. Der Sänger weiß aus eigener Erfahrung: Zum Leben im Scheinwerferlicht gehören auch Schatten.

Lieber Howard Carpendale,
es ist fast auf den Tag genau zehn Jahre her, da habe ich die Kritik über eines Ihrer letzten Konzerte auf der damaligen Abschiedstournee geschrieben, und schon meine Überschrift »Unspektakulärer Abgang« ließ keinen Zweifel, dass Sie mich enttäuscht haben. Ihre Show schien mir zu aufgesetzt, blutleer, mir fehlte die große Partystimmung, die Dynamik. Sie wirkten müde, ausgebrannt. Noch nie habe ich so eine heftige Reaktion auf einen Artikel bekommen. Mehr als hundert Frauen schrieben mir Briefe und E-Mails, waren sich einig: Wie konnte ich mich nur erdreisten, ihrem Howie so Unrecht zu tun.

2010, in der Nacht nach der Premiere Ihrer Tournee »Stark« in der Grugahalle, haben wir lange miteinander telefoniert. Während unseres Gesprächs saßen Sie auf dem Rücksitz eines Wagens, ließen sich von einem Chauffeur fahren. Wir sprachen über den Verriss von 2003, Sie wollten wissen, wie ich diesmal das Konzert gefunden hätte. Und ich las Ihnen die ersten Zeilen meiner Kritik vor: »Hello Again. Und wie. Der neue, ein bisschen auch der alte Howard Carpendale. So herrlich unaufgeregt, ehrlich, humorvoll, so authentisch wie nie.«

Jetzt rotieren Sie wieder in der PR-Manege, werben für Ihr neues Album »Viel zu lang gewartet«, für die Tournee in 2014. Sie sind Profi, wissen, was die Fans hören möchten. Aber was Sie erzählen, wirkt wohltuend ehr-

lich, nicht einstudiert. Mir gefällt, dass Sie zugeben, Probleme mit dem Älterwerden zu haben, sich die Haare zu färben. Dass Sie Probleme innerhalb der Familie belasten, es Ihnen schwerfällt, mit der Alkoholsucht Ihrer Partnerin umzugehen. Doch Sie sprechen darüber nicht voyeuristisch; nicht wie ein Verräter; nicht wie einer, der sich Mitleid erschleichen möchte. Eher wie einer, der weiß und weitergeben möchte: Zum Leben im Scheinwerferlicht gehören auch Schatten. Sie verraten uns, dass Sie zwischen Abschied und Comeback depressiv wurden und dass Sie Ihrem Sohn Wayne dankbar sind: Er habe Sie gerettet. Sie geben auch zu, dass Sie sich als Jugendlicher in Südafrika keine Gedanken darum gemacht hätten, warum Schwarze und Weiße in Schulbussen nur getrennt fahren durften.
Heute lässt Ihre Lebenserfahrung Sie kluge Sachen sagen: »Ich habe jeweils ein Drittel meines Lebens in Afrika, Europa und Amerika verbracht … Das ist reizvoll, spannend und bringt viel Einsicht. Denn eines haben alle Kontinente gemeinsam: zu wenig Menschenverstand und Toleranz.«

Lieber Howard Carpendale,
ich weiß, dass Kollegen hinter meinem Rücken lästern. Warum schreibt der Chefredakteur über den Schnulzensänger? Die Antwort ist einfach. Weil ich Lieder wie »Hello Again« mag, gerne mitsumme. Weil Sie sich auf der Bühne super verkaufen. Nicht zuletzt, weil mir bei unserem nächtlichen Telefonat bewusst wurde: Sie sind zwar ein Star im Showgeschäft. Aber als einsamer Mann auf dem Rücksitz, so eitel, so selbstkritisch, so voller Träume wie wir alle. (02.11.2013)

Juli 2014

Helene Fischer ist die Königin der leichten Unterhaltung. Alle Fernsehsender reißen sich um die Sängerin, Entertainerin und Moderatorin, die in 2013 riesige Stadien füllt.

Liebe Helene Fischer,
die Geschichte Ihrer Familie liest sich wie ein Märchen, und Sie spielen die Prinzessin, die ihr Musikvolk verzückt und mit Florian Silbereisen ihren Prinzen wohl schon gefunden hat.

Ihre Eltern sind Wolgadeutsche, die Russen deportierten sie 1941 nach Sibirien. Sie wurden in Krasnojarsk geboren, 4100 Kilometer hinter Moskau, in einer schäbigen Industriestadt, in der vor dem Zweiten Weltkrieg 40.000 und heute fast eine Million Menschen leben. Sibirien, das ist für mich unendlicher Winter und Eiszeit, Kälte und neben sterilen Wohnsilos ganz viel einsame Landschaft, durch die sich die transsibirische Eisenbahn quält auf dem Weg nach China. Sie waren vier Jahre alt, als Ihre Familie nach Deutschland kam, sie zogen von der Beton-Metropole Krasnojarsk in das beschauliche Dorf Wöllstein in Hessen.

Irgendwann schickte Ihre Mutter Maria eine Demo-CD an eine Künstleragentur. Es war der Beginn einer einzigartigen Karriere. Als mittlerweile erfolgreichste deutsche Sängerin und beliebte Entertainerin könnten Sie sich längst die Villa in der Schlossallee leisten, die Sie in Ihrem Schlager gar nicht brauchen. Ihre CDs stürmen die Charts, Sie sammeln wie selbstverständlich Musikpreise, eroberten die Krone der Volksmusik, verzauberten Ihre Fans zum Jahresende auf allen öffentlich-rechtlichen Kanälen. Mit einer eigenen Weihnachtsshow in der ARD, auf dem ZDF-Traumschiff als Schauspielerin – und überall machen Sie eine gute Figur. Stets sexy gekleidet, perfekt gestylt, natürlich, erfrischend spontan, frech, bodenständig, ehrlich und mutig. Trotz Höhenangst schweben Sie in Shows vom Hallendach, spielten völlig unbekümmert, aber mit Talent die Reiseleiterin Franziska an Bord der »MS Deutschland«. Und haben in diesem Jahr das Ziel, die Schalker Arena mit 60.000 Besuchern zu füllen. Die Frauen mögen Sie, weil Sie eine von ihnen sind. Eine Frau, die Fehler zugibt, die sich in der wenigen Freizeit am liebsten in Joggingklamotten auf dem Sofa fläzt und verrät, dass sie nach dem Kochen in der Küche ein Chaos hinterlässt. Und die trotz des Mega-Erfolges bescheiden, fast demütig bleibt. Bei Ihnen wirkt es nicht gekünstelt, wenn Sie den Musikern oder dem Publikum danken und erklären, dass Sie das Lied »Wäre heute mein letzter Tag« wirklich Ihrem Liebsten gewidmet haben.

Liebe Helene Fischer,
mit 28 haben Sie mehr Erfahrung als viele Berufskolleginnen im Rentenalter. Sie sind die Königin der leichten Unterhaltung, mit einem Hauch russischer Schwermut. Sie sind so beliebt, weil Sie uns und sich nichts vormachen. Die heile Glitzerwelt gibt es nur auf der Bühne. Im wahren Leben gibt es auch die Badstraße und Krasnojarsk, 4100 Kilometer hinter Moskau. (12.01.2013)

Maria Furtwängler sucht immer neue Herausforderungen – als Schauspielerin, Moderatorin, zweifache Mutter, Galionsfigur von zahlreichen Stiftungen.

Sehr geehrte Frau Furtwängler,
diesen Brief beginne ich mit einem Geständnis. Jahrelang waren Sie für mich eine Vitamin-B-Schauspielerin, die einen 26 Jahre älteren Medienmogul geheiratet hat, um Karriere zu machen. Ich hatte nur Bilder vom roten Teppich und einem ungleichen Paar vor Augen. Sie, eine coole, stolze Schönheit voller Power, daneben Ihr einen Kopf kleinerer Gatte Hubert Burda. Als Verleger eine Größe, eine Macht. Als Typ eher ein seriöser, gelangweilt schauender Bieder-Mann, der das Volkstümliche dem VIP-Getue vorzieht. »Ich liebe Waldfeste und Blasmusik«, hat er mal gesagt. Aber dann habe ich mich in Ihr Leben gelesen.

Bereits mit sechs Jahren haben Sie vor der Kamera gestanden. Ihre Mutter Kathrin Ackermann war Ihre größte Förderin, spielt heute Ihre »Tatort«-Mutter und ist Ihre schärfste Kritikerin. Als Sie sich Anfang des Jahres erstmals auf die Theaterbühne wagten, war es Mama, die Ihnen nach einem Probenbesuch das Talent fürs Theater absprach. Doch Sie haben sich, wie so oft in Ihrem Leben, nicht beirren lassen, haben hart an sich gearbeitet, um Ihr Ziel zu erreichen, um die eigenen Grenzen auszuloten. Sie sind ausgebildete Sopranistin, Ärztin, vielfach ausgezeichnete Schauspielerin, nicht nur für Ihre Rolle als Kriminalhauptkommissarin Charlotte Lindholm. Sie sind Moderatorin, zweifache Mutter, bis zur Erschöpfung engagierte Galionsfigur von Stiftungen. Andere Promis sammeln »nur« Geld.

Sie behandeln Kinder in Krisengebieten, bekämpfen vor Ort Krankheiten und Armut, auch wenn keine Fotografen und Kamerateams dabei sind. Sie scheren sich nicht darum, wenn wieder Gerüchte laut werden. Über Affären und die zickige Furtwängler, die angeblich darauf besteht, dass im Flugzeug die Reihen vor und hinter ihrem Sitz frei bleiben. Nur am Anfang, mit neunzehn, haben Sie nicht zu Ihrer Beziehung zu dem Mann gestanden, der Ihr Vater hätte sein können. Da studierten Sie in Frankreich Medizin, wohnten in einer Studentenbude und trafen sich am Wochenende heimlich mit Ihrem Geliebten in Luxushotels.

Sehr geehrte Frau Furtwängler,
ich bin überzeugt: Auch ohne den Burda-Bonus wären Sie Ihren Weg gegangen. Weil Sie zu den Frauen gehören, die sich nicht auf Erfolgen ausruhen, die immer neue Herausforderungen suchen und die nichts halbherzig machen. Die souverän und selbstbewusst genug sind, um sich nicht daran zu stören, was andere über sie denken. (11.05.2013)

Hans-Dietrich Genscher, FDP-Politiker und ehemaliger Außenminister, ist mittlerweile weit über 80 Jahre alt, doch auf der Bühne gibt er sich kämpferisch – besonders wenn es um ein vereintes Europa geht.

Sehr geehrter Herr Genscher,
zwei Wochen ist es her, da saßen wir gemeinsam auf dem Podium, und selten hat mich einer meiner Talkgäste so begeistert, so fasziniert. Sie sind so anders als viele andere alte Männer, die ich kenne. Die einen nicht zu Wort kommen lassen, weil sie das Zuhören verlernt haben. Die immer mit denselben Geschichten langweilen, deren Heldentaten stets an Größe gewinnen, um den Platz des Hauptdarstellers zu verteidigen.

Sie, Herr Genscher, erzählen so sympathisch unaufgeregt, bescheiden, fast demütig über Politikgeschichte, die Sie mitgestaltet haben. Ihr berühmter Halbsatz auf dem Balkon der deutschen Botschaft in Prag, der im Jubel der Flüchtlinge unterging. Der Anschlag bei den Olympischen Spielen in München, als Sie sich den Terroristen als Geisel im Austausch für die Sportler aus Israel anboten und bereit waren, Ihr Leben zu riskieren. Ihre Treffen mit den Mächtigen dieser Welt, von denen einige Ihre Freunde wurden, so wie Michail Gorbatschow. Ihre nicht ganz einfache Zusammenarbeit mit unseren Kanzlern Willy Brandt, Helmut Schmidt, Helmut Kohl. Ihre Antworten, Ihr Rück- und Ausblick. Sie kennen kein Nachtreten, kein eigenes Schulterklopfen, kein nervendes Besserwissen. Sie wussten, wann es Zeit war, als Politiker abzutreten. Und Sie sind intelligent, tolerant und einfühlsam genug, um Ihren Nachfolgern öffentlich nicht durch dauernde Ratschläge die Autorität zu nehmen oder sie gar in die Schranken zu weisen. Als Außenminister waren Sie einer der besten Botschafter, die unser Land je besaß. Heute, mit 85, vermitteln Sie Werte, die für die Zukunft unserer Kinder so wichtig sind. Die Würde des Menschen, egal, aus welchem Land er kommt. Das Vorleben von Ordnung, Fleiß, Zuverlässigkeit in den Familien, den unbedingten Willen für ein einheitliches Europa. Bei diesen Themen, da bricht alles aus Ihnen heraus, Kraft und Begeisterung, Engagement und Leidenschaft. Ansonsten sind Sie ein Mann der leisen Töne.

Sehr geehrter Herr Genscher,
als junger Kerl lagen Sie jahrelang mit Lungentuberkulose in Krankenhäusern und Heilanstalten. Doch Ihre schwächste Zeit hat Sie stark gemacht. Sie haben damals mit Ihrer Krankheit nichts entschuldigt. Sie haben sich nicht gehen lassen, sondern um Ihr Leben gekämpft. Sie sind bis heute ein Kämpfer geblieben. (15.09.2012)

Kurz vor seinem 75. Geburtstag steht »Tatort«-Opa Götz George wieder vor der Kamera und prügelt sich als Horst Schimanski durchs Ruhgebiet.

Sehr geehrter Götz George,
ich könnte auch schreiben:
Lieber Horst Schimanski,
denn für mich sind Sie der Schimi, wobei ich weiß, dass ich Ihnen Unrecht tue. Sie sind einer unserer besten Schauspieler, den man nicht auf die Rolle des raubeinigen Ruhrpott-Ermittlers reduzieren darf. Als Massenmörder Fritz Haarmann haben Sie mich fasziniert, ja beängstigt. Ich fand den eitlen, verliebten Gockel, den Macho-Regisseur Uhu Zigeuner, in meinem Lieblingsfilm »Rossini« umwerfend komisch und war begeistert, wie Sie in »Schtonk« den schmierigen, korrupten und selbstherrlichen Illustrierten-Redakteur Hermann Willie verkörpern. Doch in meinem Herzen sind Sie nun mal der unerschrockene Schimi, der immer gehörig was auf die Fresse gekriegt hat, mit seiner schmuddeligen umgefärbten Armeejacke im Dreck lag, nach Schweiß und Bier roch und dem die Weiber trotzdem hinterherliefen. Sie waren der Macho unter den Tatort-Kommissaren, kein Schreibtischtäter und Weichei mit Anzug und Krawatte, die mich langweilten.

Nie habe ich daran gezweifelt, dass Sie es selbst sind, der sich in Duisburger Hinterhöfen aus dem Fenster stürzt, und dass Ihr schmerzverzerrtes Gesicht nur gespielt sein könnte. So wie Schimi wollten wir alle sein. Richtige Kerle aus dem Revier, die sich nichts gefallen lassen. Jetzt kommen mir Zweifel. Nächsten Monat werden Sie 75 und stehen in diesen Tagen für eine neue

»Tatort«-Folge vor der Kamera. Viele andere in Ihrem Alter gehen im Stadtgarten spazieren oder sitzen auf der Parkbank. Ich aber möchte keinen Schimi, der einen Stuntmann braucht, um über Stacheldrahtzäune zu hechten. Ich möchte keinen Tatort-Opa, der zum x-ten Male aus dem Ruhestand geholt wird. Ich bin ganz ehrlich. Ich habe mich jedes Mal fremdgeschämt, wenn Johannes Heesters in seinen letzten Lebensjahren irgendwo auf die Bühne gestellt wurde. Ich mache mir Sorgen um Udo Jürgens, weil ich befürchte, dass er den richtigen Zeitpunkt verpasst abzutreten. Und ich frage mich, ob wir greisen Politikern einen Gefallen tun, wenn wir Sie in Talkshows zerren.

Lieber Götz George,
lassen Sie Schimi sterben und nur noch Til Schweiger den Ballermann spielen. Für Sie gibt es noch genug Rollen, die zu Ihrem Alter passen. Rollen, bei denen Ihre nachdenkliche, auch mal radikale Mimik mehr aussagt als jedes Wort. Als Schimi müssen Sie uns nichts mehr beweisen – und als Sohn eines Jahrhundert-Schauspielers sich auch nichts. Sie sind selbst ein ganz Großer.

(01.06.2013)

Vincenzo Gerrone traute beim Spiel seines SCC Neapel gegen Borussia Dortmund seinen Augen nicht. Im Büro des Hausmeisters suchte BVB-Trainer Jürgen Klopp nach seiner Verbannung aus dem Stadion-Inneren Zuflucht.

Lieber Vincenzo Gerrone,
Ihre Geschichte ist so unglaublich, dass sie gar nicht erfunden sein kann. So viel Fantasie hat keiner.

Es läuft das Champions-League-Spiel zwischen Ihrem SSC Neapel und Borussia Dortmund, und Sie, der Hausmeister des Fußballstadions, sitzen allein in Ihrem kleinen Büro, das kaum Platz hat für Schrank, Sofa und Fernseher. Was haben Sie gedacht, als plötzlich ausgerechnet der Mann, der kurz vorher am Spielfeldrand ausgerastet ist, durch die Katakomben irrt und in Ihr Kabuff kommt? Hat er Sie gefragt, ob er hier die zweite Halbzeit schauen darf, oder haben Sie ihn eingeladen, sich auf die dunkelrote, schon leicht verschlissene Couch zu setzen? Egal. Der Mann neben Ihnen ist Jürgen Klopp. Nach seinem Tobsuchtsanfall hat ihn der Schiedsrichter auf die Tribüne verbannt, wo es der BVB-Trainer nicht aushielt. Er fand Zuflucht bei Ihnen. Sie bewirteten ihn mit Wasser und Kuchen. Und er brachte Ihnen zum Dank nach Spielschluss das Trikot von Marco Reus.

Sie waren ein komisches Duo auf dem Sofa. Er ist einer der erfolgreichsten Trainer der Welt, hochbezahlt, weltbekannt, im Netz millionenfach genannt. Wenn ich Ihren Namen google, finden sich 6690 Ergebnisse. Mit immer der gleichen Geschichte und dem gleichen Bild. Es zeigt einen sehr zufrieden ausschauenden älteren Mann mit grauem, lichtem Haar und dickem Bauch, in Jeans und Pullover. Sie sehen für mich aus wie ein typischer Hausmeister. Ich schreibe Ihnen, weil ich es fantastisch finde, dass zwei Menschen auf ihren unterschiedlichen Lebenswegen zueinanderfinden, sich ohne große Worte verstehen. Sie, auf den ersten Blick ein einfacher Mann, der mit dem Kreidekarren die Linien zieht, wenn noch niemand im Stadion ist. Der während der Spiele seiner Neapolitaner die Stellung im Büro halten muss. Ein einsamer Mensch im ausverkauften Stadion. Und dann kommt zu Ihnen einer, der mit jedem Monatsgehalt ein Haus bauen könnte. Einer, der sogar von Ihrem Vereinsboss umgarnt wurde. Einer, wie geschaffen für die Hauptrolle unter Flutlicht.

Ich schreibe Ihnen aber auch, weil mich Ihre kleine Geschichte an eine Begegnung erinnert, die ich nie vergessen werde. Ich habe 1995 eine Reportage geschrieben über den Platzwart von Rot-Weiß Essen. Sie trug die Überschrift: »Ein Leben lang nur Heimspiele«. Jupp Breitbach, so sein Name, hatte nicht nur ein Kabuff im Georg-Melches-Stadion, er lebte fast seit seiner Geburt in der Hausmeister-Wohnung unterm Stadion. Und wer will es ihm verdenken: Da er jeden Stein, jede Schraube, jeden Grashalm im Stadion kannte, fühlte er sich als Chef und kloppte flotte Sprüche, egal ob Trainer Otto Rehhagel, Ente Lippens oder gar Kaiser Franz Beckenbauer auf dem Weg vom Platz zur Kabine an seinem Büro vorbeikamen. Es war sein letzter Arbeitstag, an dem ich ihn interviewte. Er gab die Stadionschlüssel ab, zog in eine normale Wohnung. Zwei Monate später starb er an einem Herzinfarkt. Zuvor hatte ich gehört, dass er Eintritt zahlen sollte, als er zu seinen geliebten Rot-Weißen wollte.

Lieber Vincenzo Gerrone,
Ihr Büro ist ein bisschen auch Ihr Wohnzimmer, das Stadion Ihr Zuhause. Für dieses Zuhause, für Ihren Verein würden Sie alles tun. Sie sind jetzt 61. Ich weiß zwar nicht, wann man in Italien in Rente geht, aber allzu lange wird es wohl nicht mehr dauern. Ich wünsche Ihnen, dass Sie dann mehr Dankbarkeit erfahren als Platzwart Jupp von Rot-Weiß Essen. Und dass Ihnen im Leben noch mehr Menschen begegnen wie Jürgen Klopp, der auch kleine Gesten zu würdigen weiß. (05.10.2013)

Jürgen Gosch ist der bekannteste Sylter und malocht mit seinen 71 Jahren immer noch – in Wenningstedt nun in einem gläsernen Fischrestaurant. Die alte Bude wurde abgerissen.

Lieber Jürgen Gosch,
Sie dürfen mächtig stolz sein. Sie sind der bekannteste Sylter, der Chef der Insel. Millionen kommen im Autozug rüber; für die meisten wäre der Urlaub ohne Gosch, ohne Fischbrötchen, Jever und Weißwein undenkbar.

Es war jahrelang unser schönstes Ferien-Ritual. Nach einem Strandtag gönnten wir Eltern uns am Kliff in Wenningstedt ein Matjesbrötchen und ein Pils, die Töchter holten sich gleich nebenan ein Eis. Schade, das alte, einfache Gosch-Bistro gibt es nicht mehr. Aber keine 100 Meter weiter haben Sie ein gläsernes Fischrestaurant für fast 400 Gäste hingestellt, das aussieht wie die Flosse eines Wals. Wir waren viermal da, viermal standen Sie hinter der Theke. Die Haare so weiß wie Mütze und Kittel, die rote Kuschel-Krabbe des Firmenlogos in Ihrer Brusttasche. Sie gaben nicht nur Anweisungen und hielten Smalltalk mit den Gästen. Sie packten mit an, haben Scampis in der großen Pfanne gebraten und hatten alles im Blick. Sie sind 71 und malochen immer noch.

Sie haben Zeit Ihres Lebens malocht, haben schon als kleiner Junge mit Krabbenpulen im Akkord Geld verdient und sich hochgearbeitet vom Maurer zum Aal-Jürgen mit Bauchladen, der den Nackten und Schönen und all den anderen am Strand Fisch verkaufte. Dann haben Sie Ihren ersten Imbiss in List eröffnet, heute ist es die nördlichste Fischbude Deutschlands. Sie führen elf Betriebe auf Sylt, und auf dem Festland schmücken sich 20 Läden mit Ihrem Namen. Die mag ich nicht, die sind mir zu steril, zu unehrlich. Gosch passt nicht zu Berlin, zu Düsseldorf, schon gar nicht in einen Bahnhof. Mir schmeckt Gosch nur mit Nordsee-Wind, Dünen, Wellen und hungrigen Möwen.

Ich möchte Sie nicht verherrlichen. Sie haben Schwarzgeld nach Luxemburg gebracht und gelten als schlitzohriger Geschäftsmann, der kompromisslos seine Ziele verfolgt. Aber Sie leben uns vor, wie wir mit harter Arbeit und Mut, mit Ausdauer und Ideen viel erreichen können. Sie sind ein Vorbild für Ihre mehr als 350 Angestellten, sind sich nicht zu schade, schmutziges Geschirr zu waschen. Sie führen Ihr Unternehmen »mit harter Hand, aber fair«. Und das Wichtigste: Wir vertrauen Ihnen. In der Sansibar kostet die Currywurst 12 Euro, und wer für 18 Uhr einen Tisch bestellt, muss um 20 Uhr raus. Ihre Fischbrötchen gibt es ab 3 Euro, und eine Flasche Grauburgunder ist ab 11 Euro zu haben.

Lieber Jürgen Gosch,
Sie sind einer der erfolgreichsten Seiteneinsteiger und Frontmänner, die ich kenne. Ihre Philosophie gefällt mir. Sie behandeln alle Menschen gleich, jeder ist prominent, der einen Matjes oder Aal kauft. Ihr Erfolgsrezept ist banal genial: Fisch, Getränke, Unterhaltung. Es ist längst nicht mehr das Geld, es ist die Lust an der Arbeit, die Sie antreibt. Ich hoffe, dass Sie noch lange an der Bratpfanne stehen. Sylt und wir Urlauber brauchen Kapitän Gosch. (17.11.2012)

Mitte 2012: Die ARD hat ihn abserviert, das ZDF will ihn nicht mehr zurückholen: Thomas Gottschalk, einst »Mister Wetten, dass ..?«, geht mit 62 in die Altersteilzeit.

Lieber Thomas Gottschalk,
von ganzem Herzen möchte ich Ihnen nachträglich zum Geburtstag gratulieren. Ich hoffe, Sie hatten gestern eine schöne Party und nicht zu viele Gäste von der Sorte »Wird schon wieder« und »Thommy, du bist trotzdem der Größte«. 62 sind Sie geworden, da sind andere schon in Rente oder zumindest in Altersteilzeit. Nun gut, nimmt man es genau, werden Sie ab dem 7. Juni, wenn Ihr Vorabend-Talk »Gottschalk Live« vom Bildschirm verschwindet, höchstens noch in Teilzeit aktiv sein. Die Zuschauer sind Ihnen davongelaufen, die ARD hat Sie abserviert, das ZDF will Sie nicht zurückholen. Was geht da in Ihnen vor? Fühlen Sie wie Altersgenossen, die sich für überflüssig halten? Bereuen Sie insgeheim Ihren Beschluss, mit »Wetten, dass ..?« Schluss gemacht zu machen?

Ich saß an jenem verhängnisvollen 4. Dezember 2010 im Publikum, als Sie nach dem Wett-Unfall allein, niedergeschlagen und nachdenklich auf Ihrer Couch hockten. Ich bin überzeugt: Schon in diesen Minuten reifte Ihre Entscheidung, die Moderation der Show aufzugeben. Mein Kompliment. Sie haben sich damals großartig verhalten und machen es jetzt auch. Sie suchen keinen Sündenbock, Sie übernehmen selbst die Verantwortung dafür, dass dieses Format scheiterte. Sie sind ein souveräner Verlierer und bleiben sich treu: Als Quoten-König, der Sie waren, haben Sie auch nicht abgehoben. Ich werde eine Pressekonferenz vor einer »Wetten,

dass ..?«-Sendung in Dortmund nicht vergessen. Geduldig haben Sie alle Fragen beantwortet, auch von einer jungen, nervösen und unsicheren jungen Dame, die für einen kleinen Lokalfunksender im Sauerland arbeitete. Danach haben Sie die Kollegin nach ihrem Werdegang, ihren Zukunftsplänen befragt. Sicherlich haben Sie sich an Ihre Anfänge erinnert, 1971 als freier Mitarbeiter für den Jugendfunk des Bayerischen Rundfunks. Schon damals wollten Sie nur eins: Ihre Zuhörer, Ihr Publikum unterhalten. Auf Ihre lockere, lässige, schlagfertige Art, ernsthafte Interviews waren nie Ihr Ding.

Lieber Thomas Gottschalk,
ich bin sicher: Ein TV-Mann mit Ihren Qualitäten bekommt eine neue Chance. Ich jedenfalls würde es Ihnen wünschen. Sie haben es verdient. Als Medienprofi, als Mensch sowieso. (19.05.2012)

Auch kurz nach dem 75. Geburtstag hat seine Stimme noch Gewicht: Werner Hansch, einst Fußball-Reporter, heute gern gesehener Gast in Talkshows mit Mut zur eigenen Meinung.

Lieber Werner,
ich weiß nicht, ob du Dich an unsere erste Begegnung noch erinnerst: Es war an einem stürmischen, verregneten, richtig ungemütlichen Herbst-Nachmittag bei einem Bundesligaspiel im Dortmunder Westfalenstadion. Ich, der junge Journalist, durfte für eine Reportage in der zugigen Sprecherkabine neben dem berühmten Fußball-Reporter Werner Hansch sitzen, dessen Stimme ich bisher nur aus dem Radio gekannt hatte. Mich faszinierte: Da spricht jemand ins Mikro, der sich akribisch vorbereitet hat, scheinbar nichts dem Zufall überlässt und sich voll auf seinen Einsatz konzentriert. Dann aber, wenn er auf Sendung ist, mit diesem einzigartigen Vibrieren in der Stimme lossprudelt und voller Herzblut und Leidenschaft in das Geschehen auf dem Rasen eintaucht, als wären wir alle selbst am Ball – und der trotz aller Emotionen nie jemanden verletzt oder die kritische Distanz verliert.

Mittlerweile weiß ich viel über Dein Leben, auch über Deine Kindheit und Jugend, die alles andere als leicht war: Dein Vater malochte als Bergmann, war Kommunist, den die Nazis ins Konzentrationslager in der Nähe von Papenburg verschleppten. Ein Moorsoldat, der geschlagen, schikaniert wurde. Der als kranker, gebrochener Mann nach Recklinghausen zurückkehrte. Für den klar war, dass Du auch auf den Pütt musstest. Doch Du hast Dich durchgesetzt, hast Dein Abitur gemacht und studiert. Nach dem Tod des Vaters und der Mutter innerhalb von vier Wochen fehlte es Dir an allem, besonders an Geld – und, welch eine Kehrtwende des Schicksals, hast Du dann doch für mehrere Monate unter Tage, nach dem Studium auch als Lehrer und Sprecher auf vier Pferderennbahnen gearbeitet.

Du sagst selbst: »Ich bin von ganz unten gekommen.« Aufwärts ging es erst, als Du in der überfüllten Glückauf-Kampfbahn die verrostete Feuerwehrtreppe zu Deinem Platz als Stadionsprecher hinaufgeklettert bist. Es ist die Geschichte, die Du schon tausend Mal erzählt hast und noch tausend Mal erzählen wirst. Die Geschichte des Pferdesport-Experten, der bis dahin nie in einem Fußballstadion gewesen war. Der aber von jetzt auf gleich auf Schalke die Mannschaftsaufstellungen durchsagen muss: »Mit der Startnummer 1: Norbert Nigbur.« Dieser erste Abstecher in die Fußball-Welt leitete ein Leben am Mikro ein. Es ist ein Leben als ständige öffentliche Herausforderung, als häufig einsamer Einzelkämpfer, der auf die Sekunde genau wissen muss, was er zu sagen hat. Es ist eine Karriere, die sicherlich Kraft gekostet hat.

Heute, gerade 75 geworden, bist Du gern gesehener Gast bei Lanz und Plasberg, diskutierst mit ihnen nicht nur über Sport. Sie wissen, was ich in vielen Gesprächen längst schätzen gelernt habe: Du bist ein politischer Mensch mit einer eigenen kritischen Meinung, mit einem hintergründigen Humor. Einer, der die klassische Musik und die leisen Töne liebt. Der sich vor der Kamera nicht verbiegen lässt, nur weil es der Regisseur so ins Talkshow-Drehbuch geschrieben hat. Der in schweren Stunden zu seinen Mitmenschen hält. Deine

Freundschaft zu Rudi Assauer mündete in die Demenz-Stiftung, deren Gründung Du vorangetrieben hast.

Lieber Werner,
ich freue mich schon auf Montagabend. Dann haben wir beide auf unserer kleinen Bühne in einer überfüllten Ruhrgebiets-Kneipe wieder ein Heimspiel, beim Talk mit der Fußball-Ente Willi Lippens. Und irgendwann wirst Du aufstehen, den Körper anspannen, das Mikro ganz dicht vor Deinen Mund halten, um eine Szene aus alten Zeiten, aus einem denkwürdigen Spiel zu kommentieren. Und viele werden mitfiebern und eine Gänsehaut bekommen, so wie ich damals, an jenem stürmischen, verregneten, richtig ungemütlichen Herbst-Nachmittag im Westfalenstadion. (17.11.2013)

Diana Hetzel verlor Ehemann Thomas, als der Firefighter am 11. September 2001 im World Trade Center Leben retten wollte. Kurz vor Weihnachten schmerzen die Erinnerungen an das verbrecherische Attentat besonders.

Liebe Diana,
jedes Jahr vor Weihnachten nehme ich mir Zeit, um die Schubladen meines Schreibtisches zu entrümpeln. Es ist jedes Mal mehr als nur ein Aufräumen, es ist eine Zeitreise durch Monate und Jahre. Ich finde alte Zeitungsseiten und Reportagen, geschriebene, gedruckte Erinnerungen … an spannende Begegnungen, Gespräche, Erlebnisse. Diesmal, ganz hinten in der untersten Schublade, entdeckte ich eine schon leicht vergilbte Seite, darauf war nur eine Geschichte. Sie trug die Überschrift: Eine Mutter darf nicht weinen … Die Mutter, die nicht weinen darf, das sind Sie. Diana Hetzel, die Witwe von Thomas Hetzel. Einem Feuerwehrmann, einem Firefighter, der am 11. September 2001 in die Türme des World Trade Center stürmte, um Leben zu retten und sein eigenes verlor. Der Sie und seine Tochter Amanda über alles liebte.

Ein Jahr nach dem Tag, der die Welt veränderte, haben mein Kollege Uwe Becker und ich Sie in Ihrem kleinen Haus im beschaulichen New Yorker Stadtteil Queens besucht. Neben der Eingangstür standen zwei Holzstühle. Hier haben Sie abends oft mit Ihrem Mann gesessen, und er hat Ihnen erzählt von seinen Einsätzen, von seinen Kollegen. Dass Sie keine Angst haben müssten, er würde schon auf sich aufpassen. Alles in Ihrem gemütlichen Heim erinnerte an Ihren Mann, an Ihre Liebe, an die Tragödie. Auf dem Tisch sein Foto, in der Feuerwehruniform, den Helm mit der Nummer 13 auf dem Kopf,

Amanda stolz im Arm. An der Wohnzimmerwand die Kuckucksuhr, ein Souvenir aus Deutschland, der Heimat von Thomas. Auf dem Sofa das von Ihnen und einer Freundin entworfene T-Shirt: der deutsche Adler, die amerikanische Flagge, darunter zweisprachig: Our heroes – unsere Helden. Und die Namen der beiden Ehemänner. Wir brachten für die zweieinhalbjährige Amanda ein Geschenk mit, doch Sie haben es nicht ausgepackt. Stattdessen ließen Sie uns in den Keller schauen. Dort stapelten sich Spielzeug, Hunderte von ungeöffneten Paketen und Berge von Briefen. Sie gaben zu, dass Ihnen die Kraft fehle, die Briefe zu lesen, sich für das Mitgefühl zu bedanken.

Liebe Diana,
seit elf Jahren habe ich nichts von Ihnen gehört. Dabei hätte ich so viele Fragen. Wie geht es Ihnen, wie geht es Amanda? Heilt die Zeit wirklich Wunden? Haben Sie noch Angst vor den Jahrestagen von »Nine-Eleven«? Gibt es einen Hauch von neuem Glück in Ihrem Leben? Vielleicht liest Amanda diesen Brief. Ihr möchte ich sagen, dass sie sehr stolz auf ihren Vater und ihre Mutter sein darf; eine Mutter, die nur heimlich weinte, um ihrer Tochter nicht weh zu tun. Die irgendwann den Mut fand, ihr zu sagen, dass Papa nie wieder nach Hause kommen wird. Hätte ich nur einen einzigen Wunsch zu Weihnachten frei, dann würde ich mir wünschen, dass das Glück in das kleine Haus im beschaulichen Stadtteil Queens zurückgekehrt ist. Ich wünsche Ihnen und Amanda von ganzem Herzen: Merry Christmas.

(21.12.2013)

Anfang 2013. Auch mit 85 Jahren steht Kabarettist Dieter Hildebrandt fast täglich auf der Bühne. Ein kantiger Typ, der uns piesackt, bis es weh tut.

Lieber Dieter Hildebrandt,
gestatten Sie mir am Anfang eine kleine Zeitreise. Der Krieg war gerade beendet, in München eröffnete Erich Kästner mit Freunden das Kabarett »Die kleine Freiheit«. Den Rest der Geschichte könnten Sie besser erzählen, denn der junge Mann, der dort für 4,50 Mark am Abend als Platzanweiser arbeitete und während der Vorstellung stets hinter der Bühne stand, waren Sie. »Ich wollte Theater fühlen«, sagen Sie.

Aus Fühlen wurden Liebe, Leidenschaft, Lebensaufgabe. Selbst mit 85 stehen Sie fast jeden zweiten Tag irgendwo in Deutschland auf der Bühne und machen, was Sie, unser dienstältester Kabarettist, der zum Inventar der Republik gehört, am besten können: amüsieren, provozieren, verärgern. Mehr als 60 Jahre lang ziehen Sie mit grimmig nachdenklichem Hundeblick und runterhängenden Lippen über alles her, das im Staate faul war und ist. Und das ist, wie wir alle wissen, so viel, dass Ihnen nie der Stoff ausgehen wird. Sie lästerten und lästern auf feine, leise Art, auch schon mal stotternd spöttisch, über Wiederbewaffnung, Wachstum, Wohlstand und unseren Übermut. Über Korruption, Banken und Euro-Krise. Früher mit Vorliebe über Helmut Kohl, heute über Rainer Brüderle (»Ein Sprachrohr der eigenen Verwirrung«). Selbst die Ihnen sympathische SPD bekam gehörig ihr Fett weg. Quer durch die Parteienlandschaft jonglieren Sie mit Sprache und Kritik, ohne Rücksicht auf Amt und Würde. Unangepasst, immer schlagfertig und spontan, gesegnet mit reichlich Improvisationstalent, um Zwischenrufe aus dem Publikum zu kontern oder Textunsicherheiten zu kaschieren. Und fanden sich mit Ihrer Alkoholsucht und der Mitgliedschaft in der NSDAP selbst in den Schlagzeilen wieder. Wer aus dem Glashaus heraus austeilt, muss auch einstecken können.

Mit der Münchner Lach- und Schießgesellschaft, in den Sendungen »Scheibenwischer« oder »Notizen aus der Provinz« und auf Ihren unzähligen Tourneen: Sie haben uns zum Lachen, zum Nachdenken gebracht. Mehr noch: Sie halten uns den Spiegel vor, mit Wortspielen, ohne Zeigefinger. Herrlich, unvergessen spielten Sie in »Kir Royal« den etwas dösigen, unterwürfigen Fotografen von Skandalreporter Baby Schimmerlos, eine Paraderolle.

Lieber Dieter Hildebrandt,
ich wünsche mir, dass Sie noch ganz lange Theater fühlen. Wir haben viel zu viele Comedians, die herumblödeln. Wir haben zu wenige kantige Typen wie Sie, die uns piesacken, bis es wehtut. (19.01.2013)

Steuersünder Uli Hoeneß wird zu 3,5 Jahren Gefängnis verurteilt. Immer im Gerichtssaal: Ehefrau Susanne, die seit 46 Jahren stets da ist, wenn ihr Ehemann sie braucht.

Liebe Susanne Hoeneß,
in unseren Presse-Archiven gibt es kaum ein Bild, das Sie allein zeigt. Auf den Fotos sind Sie die Frau an der Seite von Uli Hoeneß. Eines davon war in der vergangenen Woche auf fast jeder Titelseite zu sehen und geht mir nicht aus dem Kopf. Es wurde Minuten nach dem Urteil geschossen. Sie und Ihr Mann sitzen im Auto, in Ihren Gesichtern lesen wir die ganze Sprach- und Fassungslosigkeit, die Verzweiflung, die nackte Angst vor der Zukunft.

Sie haben Ihren Uli in der Schule kennengelernt, da waren sie beide 16. Seit 46 Jahren sind sie ein Paar, seit 1972 verheiratet. Schon häufig hat Ihr Mann betont, was er an seiner Susi hat; dass Sie ihm die Alltagslast abnehmen, damit er unabhängig, erfolgreich sein kann. Vier Tage lang waren Sie im Gerichtssaal, wollten Ihren Mann nicht allein lassen, wollten Augenkontakt halten, als er »für den schwersten Fehler« seines Lebens bestraft wurde. Sie haben ihm den Rücken gestärkt, zu ihm gehalten, ihm Mut gemacht wie schon so häufig zuvor.

Bei banal-sportlichen Niederlagen, beim Kampf um Leben und Tod, um Ihre Liebe. Sie trösteten ihn, als er im EM-Finale 1976 einen Elfmeter in den Himmel ballerte, als seine Bayern im Champions-League-Endspiel 2012 im heimischen München versagten und er auf der Tribüne verzweifelte. Sie haben ihn aufgebaut, als 1979 eine Knieverletzung seine Fußball-Karriere schon mit 27 beendete. Sie haben ihn gepflegt, als er 1982 als einziger

Passagier einen Flugzeugabsturz überlebte und schwer verletzt durch den Wald irrte. Sie haben ihm verziehen, als er Sie mit einer Hostess betrogen haben soll. Auch jetzt haben Sie ihm die Treue gehalten, obwohl wir wissen, dass Sie seine Zockerei gehasst und seine Spielsucht verurteilt haben. Stets hat gesiegt, wofür es ein großes Wort gibt: Ihre Liebe zu Ihrem Mann, das Vertrauen in eine Partnerschaft, die schon so lange hält.

Jahrzehntelang war Ihr Mann der Star auf dem Platz und in den Medien, der erfolgreiche Manager, laut Karl-Heinz Rummenigge der »Vater Teresa vom Tegernsee«, der so viel Gutes tat. Eine Glamour-Ehe wollten Sie nie führen, Ihre Welt war kleiner, provinzieller, ehrlicher sowieso. Sie waren die Frau und Mutter, die meistens daheim blieb, anfangs mit Ihren zwei Kindern, später allein auf Ihrem schmucken Bauernhof in Bad Wiessee. Sie gehörten zu den Frauen an der Seite eines starken Mannes, die bei Lobeshymnen auf ihn mit einem Satz im vorletzten Absatz abgespeist wurden und zu den warmen Worten einen Blumenstrauß bekamen. Weil es sich so gehörte.

Liebe Frau Hoeneß,
ich finde es gerecht, dass Ihr Mann in den Knast muss. Aber ich schäme mich für die Häme, die über ihn und damit auch über Ihre ganze Familie hereinbrach. Und ich bin überzeugt, dass Sie ihm viel von Ihrer Kraft abgeben werden, die Jahre hinter Gittern zu überstehen.

(22.03.2014)

Juni 2012. Der FC Bayern steht im DFB-Pokalfinale, spielt in Berlin gegen Borussia Dortmund. Auf der Tribüne sitzt Uli Hoeneß, der Macher mit den zwei Gesichtern: der selbstherrliche Manager und der verschwiegene Helfer in der Not.

Sehr geehrter Herr Hoeneß,
manchmal finde ich Sie unausstehlich. Wenn Sie sich mal wieder zum Stinkstiefel der Liga machen, so unkontrolliert und aufbrausend, so selbstherrlich und besserwisserisch, so bockig und zuweilen sogar cholerisch, ja ungerecht. Da kriegen selbst die Bayern-Fans ihr Fett weg, die Konkurrenten sowieso. »Abteilung Attacke« eben.

Herr Hoeneß, ich mag Sie trotzdem. Weil ich Ihr zweites Gesicht hinter dem heißblütigen Manager kenne. Die Tür zu Ihrem Büro und Ihr Herz sind immer weit offen für die Sorgen der Spieler und der anderen Angestellten Ihres Vereins; so manchen gestrauchelten Ex-Star haben Sie vor dem Abgrund gerettet. Sie helfen mit Taten und Geld, fordern für Ihre Hilfe aber keine Schlagzeilen ein.

Ich finde Sie so sympathisch, weil Sie so kurze Sätze sagen. Subjekt, Prädikat, Objekt, Aussage. Punkt. Sie sagen etwas, weil sie gehört werden wollen. Politiker und leider auch viele Kollegen meiner Zunft sagen etwas, weil sie sich gerne reden hören. Sie stehlen unsere Zeit mit nichtssagenden Sätzen, die sie mit »und« verbinden. Sie aber wollen – häufig auch unbeherrscht – schnell auf den Punkt kommen. Vielleicht liegt es an Ihrem Schicksal. Sie schliefen, als das Flugzeug abstürzte. Sie hätten also fast Ihren eigenen Tod verschlafen. Wer solch

Juni 2014

eine Erfahrung macht, nimmt sich im Leben keine Zeit mehr für Rückpässe. Er stürmt nach vorn.

Sehr geehrter Herr Hoeneß,
als Junge des Reviers werde ich Ihnen heute in Berlin nicht die Daumen drücken. Doch versprochen: Am nächsten Samstag fiebere ich mit Ihnen und Ihrem FC Bayern. Erst Weltmeister in München, nun die Chance auf den Champions-League-Titel. Damit würde ein Traum wahr, den Sie sich hart erarbeitet haben.

(12.05.2012)

Eine Fernseh-Legende wird 86: Ernst Huberty, der Mann mit der wunderbaren Stimme, der uns in der Sportschau die Bundesliga lieben lernte.

Lieber Ernst Huberty,
erst mal herzlichen Glückwunsch nachträglich zum 86. Geburtstag. Bestimmt haben Ihnen gestern Kollegen und Sportgrößen gratuliert und mit Ihnen von Zeiten geschwärmt, als Robert Lembke das Sparschwein mit Fünfmarkstücken fütterte, Ilja Richter in seiner Disco den Spot anknipste und ein schielender Löwe so schräg schauen konnte, wie er wollte – gegen Bundesliga-Tore und Sie, unseren Mister Sportschau, hatte Clarence keine Chance. Es ist ein Phänomen, der beste Beweis für Ihre einzigartige Beliebtheit. Schon 1982 waren Ihre großen Auftritte als Moderator und Fußball-Reporter eigentlich vorbei (wenn ich vom privaten Fremdgehen bei Sat.1 und Premiere einmal absehe), und trotzdem hat Sie eine ganze Nachkriegs-Generation noch genau vor Augen. Der charmante Herr Huberty. Immer freundlich lächelnd, immer wie aus dem Ei gepellt, im feinen Zwirn. Und überhaupt Ihr Markenzeichen, der tiefliegende Klappscheitel. Als die Sportschau laufen lernte, damals am 4. Juni 1961, waren Sie der Mann der ersten Stunde, kündigten am späten Sonntagabend Berichte an über Feldhandball und Rhönradturnen.
Erst in der achten Sendung gab es Fußball, Altona 93 gegen Tasmania Berlin. Als zwei Jahre später die Bundesliga unser Leben für immer veränderte, wurde die Sportschau am Samstag zwischen 18 und 19 Uhr im 1. Programm zu einem Muss, zu einem Ritual für bis zu 15 Millionen Deutsche zwischen Autowaschen und

Badewanne. Und war die einzige sinnvolle Alternative zu Daktari auf dem Konkurrenzkanal und zur Samstagabend-Messe, die ich auf Anweisung meines Vaters zu besuchen hatte. Aber ich glaube, insgeheim wussten meine Eltern, dass ihr Sohn vor der Schaufensterscheibe des Radio- und Fernsehfachgeschäftes Klein stand und lieber Herrn Huberty zuhörte als dem Pfarrer.
Unvergessen das Spiel der Spiele, Italien-Deutschland bei der WM 1970 in Mexiko, die Tränen der Enttäuschung über die 3:4-Niederlage und Wut über den ungerechten Schiedsrichter. Und Ihre Kommentare. So typisch für Sie, für die damalige Zeit. Genial puristisch und legendär: Ihre Wortketten statt Sätze. »Beckenbauer. Seeler. Müller … Tor.« Sekunden vor dem Ende der regulären Spielzeit, zwei Worte reichten für eine pointierte Bewertung: »Ausgerechnet Schnellinger.« Ausgerechnet der Deutsche in Italien grätscht zum 1:1-Ausgleich. Dann ging es in die Verlängerung, mit dem Stocher-Tor vom »Bomber der Nation«, wie Sie unseren Torjäger nie genannt haben. Heute würden Ihre Nachfolger ins Mikro schreien, Jubeltänze auf der Pressetribüne aufführen. Sie beließen es bei einer coolen Erklärung: »Wenn Sie jemals ein echtes Müller-Tor gesehen haben, dann jetzt.«

Lieber Ernst Huberty,
die Zeiten haben sich geändert, die Reporter auch. Nie würden Sie sagen, dass früher alles besser gewesen sei. Der Sport war eben noch keine Show, aber die seriöse Reportage und die nie großspurige, nie überhebliche Moderation hatten einen Namen, hatten eine wunderbare Stimme. Ihre Stimme. (23.02.2013)

Herbst 2013. Bei Mats Hummels, dem Nationalspieler und BVB-Star, läuft es nicht rund. Bundestrainer Jogi Löw verbannt den Dortmunder Publikumsliebling auf die Bank.

Lieber Mats Hummels,
ich weiß nicht, ob Sie sich noch erinnern: Es war im Dezember 2008, da interviewte ich Sie vor einer Gruppe von Mädchen und Jungen. Ich fand es sehr beeindruckend, wie Sie als 20-jähriger Jungprofi selbstbewusst, aber beileibe nicht überheblich antworteten. Auch auf die Fragen der Jugendlichen gingen Sie souverän und einfühlsam ein. Sie kamen schnell auf den Punkt, sprachen Klartext: Ohne Fleiß, ohne Arbeit, so Ihr Ratschlag, verpuffe jedes Talent.
Monate später, Sie hatten sich gerade erholt von einem doppelten Bänderriss im Sprunggelenk, beobachtete ich Sie auf dem Trainingsgelände der Borussen. Alle anderen waren längst in der Kabine verschwunden, Sie aber dribbelten, den Ball eng am Fuß, immer und immer wieder um die Hütchen. Sie sind ein akribischer Arbeiter, der nachts noch Videos analysiert und schon in jungen Jahren wie ein Trainer denkt.
Ihr unbändiger Ehrgeiz hat sich ausgezahlt. Sie wurden mit dem BVB zweimal Deutscher Meister und überdies Pokalsieger. Sie erreichten das Champions-League-Finale und waren einer der Gewinner innerhalb des deutschen Teams bei der Europameisterschaft 2012, auch wenn der Italiener Cassano Sie beim ersten Gegentor schlecht aussehen ließ. Wir verloren 1:2, schieden aus. Die Fans mögen, ja verehren Sie als den wohl intelligentesten Verteidiger der Bundesliga. Ihr Markenzeichen: der öffnende

Pass aus dem Fußgelenk. Die Frauen haben Sie eh auf Ihrer Seite, sie schwärmen von Ihrem Aussehen.

Doch momentan läuft es nicht rund bei Ihnen. Gegen Hannover 96 müssen Sie heute nach einer roten Karte zuschauen. Nicht nur in Frankfurt spielten Sie ungewohnt unkonzentriert, machten Fehler und wurden ausgewechselt. Im Training ließ Sie Jürgen Klopp vor allen Mitspielern strammstehen, und Jogi Löw verbannte Sie auf die Ersatzbank, was ich übrigens ziemlich armselig von unserem Bundestrainer finde. Er demütigt Sie, um seine eigene Macht zu demonstrieren – und das alles nur, weil es endlich einmal einer gewagt hat, gegen die verlöwte DFB-Arroganz aufzumucken.

Lieber Mats Hummels,
bitte bleiben Sie ehrlich, unangepasst. Sie sind zu intelligent für Floskeln. Und bitte bleiben Sie Ihrer Linie treu. Niemals würden Sie etwas Internes, Privates aus dem Mannschaftskreis ausplaudern. Vielleicht ist das auch des Rätsels Lösung für Ihre Formschwankungen. Wir alle brauchen Geborgenheit, unsere vertraute Welt. Ansonsten kann ich nicht schreiben, und Sie können nicht gut Fußball spielen. Ich will Ihnen nicht zu nahetreten. Aber die Wahl Ihrer Freundin Cathy zur »Spielerfrau des Jahres« passt nicht in Ihre Welt. Und Cathys Job bei Sky als Lifestyle-Reporterin, die Promis und Ihren Kollegen das Mikro unter die Nase hält, schon gar nicht.

(19.10.2013)

Autorin E. L. James lässt den Buchhandel boomen. Ihr Roman-Serie »Shades of Grey« mit reichlich Sex-Szenen verkauft sich in der ganzen Welt millionenfach.

Liebe E. L. James,
vergangene Woche saß in meiner Stammkneipe eine Frauengruppe am Nachbartisch, und es war nicht zu überhören, wovon die Damen im Alter von 40 aufwärts den ganzen Abend erzählten, ja regelrecht schwärmten: von Ihren Welt-Bestsellern, der Liebe der unerfahrenen Literaturstudentin Ana Steele zum dominanten Milliardär Christian Grey und von den deftigen Sex-Szenen, die keine Fragen offen lassen.

Vor drei Monaten, da verriet mir die Chefin meines Lieblings-Buchladens, viele Kundinnen würden sich aus Scham das Buch als Geschenk einpacken lassen. Keiner dürfe wissen, dass sie selbst lesen wollten, was E. L. James in »Geheimes Verlangen«, »Gefährliche Liebe« und »Befreite Lust« über und unter der Bettdecke preisgibt, erschienen unter dem Obertitel »Shades of Grey«. Doch mittlerweile stehen immer mehr Frauen dazu, dass sie auf mehr als 1800 Seiten mitfiebern, wie die 21-Jährige die Kontrolle über Gefühle und Körper verliert. Und sehnen sich nach einem Happy End und der Verfilmung der Trilogie in 2013.

Sie sind ein Phänomen. Vorletztes Jahr kannte Sie kaum jemand. Sie wurden 1963 in London geboren, heißen mit richtigem Namen Erika Leonard. In der U-Bahn haben Sie heimlich erotische Romane gelesen, das Cover des Buches stets verdeckt. Sie waren eine normale, nicht ganz schlanke Mutter von zwei Kindern, die sich anfangs im Internet als Hobby-Autorin versuchte.

»Ich habe nur für mich meine Fantasien aufgeschrieben.« Dann der Durchbruch. 2012 haben Sie in Amerika und Kanada bisher mehr als 25 Millionen Bücher verkauft, standen lange Zeit auf den ersten vier Plätzen der amerikanischen Amazon-Liste – mit den einzelnen Bänden und der Sammel-Box der drei Bücher. In Spitzenzeiten ließ der Verlag pro Woche 950.000 Exemplare drucken, und auch in Deutschland boomte das Geschäft mit Peitsche, Porno und großen Gefühlen so leidenschaftlich, dass Ihnen die Buchhändler am liebsten die Füße küssen würden. Platz 1, 2 und 3 in der Belletristik-Bestseller-Liste. Das renommierte Time Magazine erklärte Sie 2012 zu einem der 100 einflussreichsten Menschen der Welt.

Liebe Erika Leonard,
ich ahne, warum Sie sich und Ihre Verlage reich geschrieben haben. Sie haben den Spagat geschafft. Zwischen einem Pretty-Woman-Märchen mit einem Traummann, der sagt, wo es langgeht, und seiner Prinzessin, die letztendlich weiß, was sie will. Die Love-Story mixen Sie mit reichlich »Basic Instinct« und lustvollem Sex, der neidisch machen kann, gerade in eingerosteten Ehen. Ganz ehrlich: Ich habe bisher nur einige Passagen der Bücher und wenig über Ihr Leben gelesen. Aber ich glaube, in Wahrheit sind Sie genauso prüde wie viele Ihrer Leserinnen.

(15.12.2012)

Mit den Abenteuern vom Tiger, Bär und Maulwurf hat Autor und Zeichner Janosch ganze Generationen begeistert. Nun, nach jahrelangem Rückzug auf Teneriffa, malt er wieder.

Lieber Janosch,
ach, war das schön, als meine Töchter noch klein waren und ich den beiden Geschichten vorlesen durfte. Ihre Geschichten. Immer und immer wieder. Wir sind mit dem Tiger und dem Bären nach Panama gereist und haben am Ende der Reise gefühlt, wie toll das Leben zu Hause ist. Wir haben natürlich dem Bären geglaubt, der seinem Freund sagt: »Ich mach dich wieder gesund.« Wir haben mit dem Tiger auf Post gewartet und wurden nicht müde, uns Ihre Zeichnungen anzuschauen. Der Fisch, die Flaschenpost mit der Schatzkarte, der Tiger und der Bär am Ufer, die nicht zugriffen. »Ja. Ja«, sagt der Fisch, »so schnell schwimmt das Glück vorbei.«

Sie werden es nicht glauben. Aber der erste Roman, der mich begeistert hat, war der erste Roman, den Sie geschrieben haben: »Cholonek oder Der Gott aus Lehm«. Diese herrliche Erzählung über das polnische Dorf Poremba, Ihr Dorf. Was ich damals nicht ahnen konnte: Es ist Ihre eigene Geschichte, es ist eine frühe Abrechnung. Mit dem Elternhaus, dem Staat, den Wichtigtuern, der Kirche sowieso. Eine Geschichte über Nachbarschaftskriege, Schweineschlachtfeste, Saufereien, Weiber, Pferdehändler. Über Verlogenheiten, Eitelkeiten und Lächerlichkeiten. Beklemmend ehrlich und einfach, die Wahrheiten von Frau Schwientek, zum Schmunzeln und zum Weinen schön erzählt. Ich glaube, Sie sind ein Leben lang eine Mischung aus dem kleinen Cholonek und seinem Vater geblieben. Dem Stonik, dem schon mal die Hand ausrutscht, der seinem Sohn sieben Geigen schenkt, wo der doch schon an einer Geige scheitert. Der Ihnen den wichtigsten Satz des Lebens beibringt: Es gibt nichts, was nicht geht. Cholonek, der eigentlich Adolf heißt, und Stonik. Zusammen sind sie schüchtern und dann wieder großkotzig, kauzig, komisch, so herrlich schräg und unangepasst. Mal zu Tode betrübt und dann wieder voller Abenteuerlust. Ja, auch verlogen und ein bisschen wahnsinnig.

Ich mag Ihre Sprache, so unverklärt, ehrlich, direkt, wenn Sie über den Reiseesel schreiben, der nie ankommt: »Denn die Ferne ist niemals dort, wo man sich befindet.« Ich liebe Ihre Zeichnungen, und mir fällt auf: Auf dem Umschlag Ihres ersten Romans schauen der Stonik und seine Frau Mickel so aus wie später der Tiger und der Bär, wenn sie Probleme haben. Vereint traurig, nachdenklich, hilflos. »Polski Blues«, »Zurück nach Uskow«, »Gastmahl auf Gomera«: Ihre Romane habe ich alle gelesen, doch für mich waren die Geschichten zu kurz. Gerade eingelesen, war schon Schluss, Ende offen. Sie haben mich wütend gemacht, und ich habe es auf Ihre Schreibfaulheit geschoben. Vielleicht aber auch war es einfach nur genial, und Sie wollten uns das Denken nicht abnehmen.

Lieber Janosch,
Sie sind schon vor Jahrzehnten nach Teneriffa geflüchtet. Vor dem Trubel, der Lobhudelei, den Betrügern, den zu vielen Menschen, vor sich selbst. »Ich bin wirklich Autist. Am liebsten wäre ich unsichtbar.« Mit 80, vor zwei Jahren, haben Sie gesagt, dass Sie nie wieder

schreiben und zeichnen werden. Dass Sie nur noch in der Hängematte liegen wollen und versuchen, nicht zu denken. Aber Sie haben auch gesagt: »Eine gute Illusion ist besser als eine Scheißwahrheit.« Die Wahrheit ist, dass wir nie aufhören zu denken und Sie nun im »Zeit-Magazin« zu uns zurückkehren. Ich würde mich freuen, wenn Ihnen das Comeback Mut macht für neue Abenteuer mit Tiger, Bär und Maulwurf. Sie würden so viele glücklich machen: Kinder, Erwachsene und alle, die auf der Reise nach Panama nie erwachsen werden wollen.

(03.08.2013)

Im September 2012 wird Udo Jürgens 78 Jahre alt, doch der Schlagerstar denkt noch lange nicht ans Aufhören. Drei Monate später kommt sein Musical »Ich war noch niemals in New York« nach Oberhausen.

Lieber Udo Jürgens,
Sie werden mir Recht geben, weil Sie es wie kein Zweiter unzählige Male erfahren haben: Der einsamste Platz auf dieser Welt ist in unserem Kopf. Gerade noch umjubelt von Tausenden Fans, hofiert und umgarnt von den ewigen Claqueuren, droht Ihnen irgendwann das Hotelzimmer, ein mieses TV-Nachtprogramm, die Einsamkeit der Gedanken. Worüber denken Sie nach, bevor Sie einschlafen? Sicherlich auch über Ihre Zukunft, Ihr Alter, Sie werden im September 78. Fragen Sie sich: Wie lange kann, will und darf ich noch auf der Bühne stehen? Was treibt mich an zu immer neuen Tourneen? Ich vermute, es ist die Anerkennung, es sind der Erfolg und Ruhm, die einen Weltstar wie Sie nie sattmachen werden, eher noch hungriger, noch gieriger auf neuen Applaus. 900 Lieder, mehr als 100 Millionen verkaufte Tonträger, die strahlenden, glücklichen Augen gerade der Frauen, die nach der Konzertpause zur Bühne stürmen.

Sie sind ein begnadeter Komponist, ein Bademantel-Entertainer, ein einfühlsamer, manchmal auch anklagender Geschichtenerzähler. Dafür brauchen Sie Strophen, für die Hitparaden und unser Mitgrölen auf Partys brauchen Sie den Refrain: Ich war noch niemals in New York ... Mein Lieblingslied. Meine Freundin und ich haben es mitgesungen, bei unserem ersten gemeinsamen Konzertbesuch vor mehr als 28 Jahren in der Dortmunder Westfalenhalle. Wir haben es gesungen auf

A. Clemats
Mai 2014

dem Empire State Building, bei unserem Polterabend und auch beim Freiluftkonzert vor dem Schloss Nordkirchen, als mit 66 bei Ihnen noch lange nicht Schluss war, aber alles doch schon etwas anders. Da dampfte der Kamillentee auf dem Piano, und neben Ihrem Stuhl wärmte ein gerippter alter Heizkörper.

Lieber Udo Jürgens,
wir freuen uns auf den 11. Dezember, wenn Ihr Musical nach Oberhausen kommt. Es wird uns kaum auf den Sitzen halten, wenn andere Ihre Lieder singen, die Sie unsterblich gemacht haben. Und wir werden Sie zum Schluss feiern, mit den Sängern und Tänzern auf der Bühne. Das Musical ist Ihr gesungenes Lebenswerk. Es erzählt von einer Kreuzfahrt, von Sehnsüchten und Träumen, die in Erfüllung gehen. Aber irgendwann geht auch der Kapitän von Bord und hat festen Boden unter den Füßen. (01.09.2012)

Im Juli 2012 spricht ganz Deutschland über eine mutige Frau, die in einen dunklen, tiefen Schacht springt und einen Dreijährigen rettet. Um unerkannt zu bleiben, verschweigt Ina K. ihren Nachnamen.

Liebe Ina K.,
Ihren Nachnamen kenne ich nicht, ich habe auch kein Foto, das ich zu diesem Brief stellen könnte. Aber es ist mir ein Bedürfnis, Ihnen zu schreiben. Weil Sie so mutig, so entschlossen, so spontan handelten. Aber auch, weil Sie sich und Ihre Heldentat bisher nicht vermarktet haben. Sie meiden die Öffentlichkeit, damit der kleine Jannic in Ruhe gesund werden kann. Als der Dreijährige in den nur einen Meter breiten Schacht stürzte, sind Sie sofort hinterhergesprungen. Sie wussten nicht, wie tief Sie fallen, was Sie in der dunklen Hölle erwartet. Sie haben Ihr Leben riskiert, um Jannic zu helfen. Sie standen in brusthohem, kaltem Wasser, haben den Jungen in Ihren Armen gehalten, bestimmt gestreichelt und beruhigt. Es waren die längsten eineinhalb Stunden Ihres Lebens, bis Feuerwehrleute Sie beide Gott sei Dank nur leicht verletzt aus 25 Metern Tiefe retteten.

Sie werden die Bilder vom schwarzen Schacht ein Leben lang im Kopf behalten, so wie wir die Bilder vom Tag der Loveparade-Tragödie, der sich am Dienstag zum zweiten Mal jährt, nie werden verdrängen können. Bilder vom Tunnel, von der Rampe, von angstverzerrten Gesichtern im Menschenstau. Von fassungslosen Müttern und Vätern, die ihre Liebsten verloren haben. Bilder von 21 Kreuzen, Kerzen, Blumensträußen. Wir werden uns erinnern an die Macher, die sich vorab im Scheinwerferlicht sonnten, weil sie die Loveparade nach

Duisburg holten. Die sich bei der ersten Pressekonferenz nach der Katastrophe und danach feige abduckten, sich gegenseitig die Schuld zuschoben. Einen wie Oberbürgermeister Adolf Sauerland mussten die Bürger der Stadt aus dem Rathaus verjagen.

Warum ich über die Loveparade schreibe? Weil uns die Tragödie nicht nur erschütterte, sondern auch wütend machte. Wütend über Egoisten, die – unabhängig von juristischen Entscheidungen – nicht bereit waren, Verantwortung zu übernehmen.

Liebe Ina K.,
mit Ihrem Sprung in die Tiefe, mit Ihrer Bescheidenheit haben Sie uns den Glauben an die Menschlichkeit zurückgegeben. Wir beide wissen: Ihr schönster Dank wird kein Bundesverdienstkreuz, kein Scheck für ein Exklusiv-Interview sein. Es waren die strahlenden Augen von Jannic, als Sie ihm in der Klinik zum vierten Geburtstag gratulierten. (21.07.2012)

Er schreibt Bücher am Fließband und hetzt von einer Lesung zur nächsten: Hellmuth Karasek, der lebende Beweis, dass Lesen unverzichtbar ist.

Sehr geehrter Herr Karasek,
es war Weihnachten 1944 im schlesischen Bielitz. Sie hatten schon vor der Bescherung heimlich die ersehnte elektrische Eisenbahn in der Schublade eines Kleiderschranks aufgestöbert. Doch Sie durften mit dem Geschenk nur wenige Tage spielen. Auf der Flucht vor der Roten Armee blieb das Spielzeug zurück. Sie waren in Ihrer Kindheit fünfmal auf der Flucht, haben die Erfahrung machen müssen, dass man Ihnen vieles nehmen kann, aber eines nicht: erlesene Weisheiten für den Kopf, die Seele, das Herz.

Eigentlich kenne ich keinen Neid, aber ich hätte gerne so viele Bücher gelesen wie Sie. Sie lieben Worte auf Papier, sind Literaturkritiker, Autor, Kolumnist. Sie sind eine lebende Bibliothek und der Beweis, wie unverzichtbar es ist zu lesen. Wir brauchen gute Bücher als Stoff für unsere Träume, unsere Fantasie, unser Glück. Bücher helfen, das Leben zu meistern.

Fast scheint es so, als ob die Zeit der Fluchten Sie geprägt habe. Sie schreiben Romane und Kolumnen am Fließband, Sie hetzen auch mit 79 von Lesung zu Lesung und sehen in Talkshows aus, als wenn Sie nach einer langen Nacht gerade aus dem Bett gestiegen wären. Die Haare zerzaust, die Haut blutleer, der Blick müde bis nachdenklich. Und dann sind Sie plötzlich hellwach, zitieren Texte, verknüpfen Literatur mit Leben, unserem, Ihrem Leben. Sie formulieren Sätze, Lebenserfahrungen, die uns auf Kurs bringen. Nur ein Beispiel: »Ich habe mir vorgenommen, mich nicht mehr unter meinem Niveau zu ärgern.« Mir gefallen nicht alle Bücher, die Sie geschrieben haben. Ich mag nicht die Schilderung Ihrer erotischen Jugendsünden, eine Beichte, geschrieben in der 3. Person. Ich glaube Ihnen auch nicht, wenn Sie sich manchmal als uneitel darstellen. Zwischen den Zeilen lese ich Ihre Probleme mit dem Altwerden und der schwindenden Anziehungskraft auf Frauen. Ich spüre Ihre Angst vor dem Tod, ein bisschen auch das Gefühl, dass Ihre Lebensleistung von Journalisten-Kollegen nicht ausreichend gewürdigt wird.

Sehr geehrter Herr Karasek,
wir sind uns dreimal begegnet. Zuerst, während ich Ihr Buch »Das Magazin« gefressen habe. In dem haben Sie nicht nur Ihrem ehemaligen Arbeitgeber, Sie haben unserer gesamten Zunft den Spiegel vorgehalten. Dann bei unserer gemeinsamen Talkshow im Schloss Bellevue. Und zuletzt nach einer Lesung bei einigen Gläschen Bier in meiner Bottroper Stammkneipe. Wir haben uns bis spät in die Nacht unterhalten. Jetzt weiß ich, dass Sie zu Weihnachten Ihrem ersten Sohn eine elektrische Eisenbahn geschenkt haben, die später an seine beiden Brüder weitergegeben wurde. Die Eisenbahn verstaubt im Keller. Ihre Leidenschaft für Literatur aber lebt. Sie ist sogar ansteckend. (23.03.2013)

Er gehört zu Obertauern wie die Skier zum Schnee: Dieter Kindl, Hotelier, einst Bürgermeister und Tourismus-Chef des Ortes, der Weltmeister der Gastfreundschaft.

Lieber Dieter,
schon bei diesem ersten Satz, da fliegen meine Gedanken in den Schnee von Obertauern, und ich spüre: Es wird höchste Zeit, dass wir wieder an Deiner Bar im Hotel Kristall sitzen und uns bei einem Gläschen Rotwein über Gott, die Welt und die wichtigen Dinge des Lebens unterhalten.

Warum ich Dir heute schreibe? Weil am Mittwoch in Berlin die Internationale Tourismus-Börse beginnt; sie wird ITB, wegen ausschweifender Partys aber auch Internationale Trinker-Börse genannt und ist mit 10.000 Ausstellern die größte Reisemesse der Welt. Dort haben wir uns kennengelernt. Dein Tisch war stets umlagert, weil Du es schon immer blendend verstanden hast, uns Journalisten einzufangen: mit herrlichen Geschichten, mit hohem Unterhaltungswert, unvergleichlichem Charme und feinem Humor, besonders aber mit Deinen ehrlich strahlenden Augen, wenn Du von Deiner Heimat schwärmst. Ich höre Dich Deine Bestseller-Anekdote erzählen: »Im November befällt die Konkurrenten ein eigenartiger Virus. Da starren die Gastgeber in anderen Orten verzweifelt nach oben, bekommen einen steifen Hals, aber es schneit nur bei uns.« Und dann hast Du stets die Bewegung nachgemacht, den Kopf in den Nacken gelegt und uns beim Blick in den Himmel noch gleichzeitig die Sterne erklärt. Dieter Kindl und Obertauern, Ihr beide gehört zusammen wie Skifahren und Après-Ski.

Ihr Österreicher seid wahre Könner, wenn es darum geht, Tourismus zu leben. Nicht umsonst kommen häufig in Spitzenhotels, auf Kreuzfahrtschiffen und in der Gastronomie die besten Manager aus Deinem Land. Unter all den Weltmeistern bist Du für mich der Champion. Obertauern hast Du viele Jahre lang gleichzeitig als Tourismus-Chef und als Bürgermeister regiert, hast dafür gesorgt, dass die Schneeforscher jeden Winter kommen und für Euch werben: eine Gruppe von Fußball- und Showstars wie Franz Beckenbauer, Uwe Seeler, Erich Ribbeck. Wie kein Zweiter hast Du für Obertauern den Glücksfall von 1965 vermarktet, als für den Beatles-Film »Help« Szenen auf Euren Hängen gedreht wurden. Da John, Paul, George und Ringo noch nie auf Brettern gestanden hatten, doubelten Ortsgrößen und Großverdiener wie Herbert Lürzer und Gerhart Krings die Pilzköpfe.

In Eurem kleinen, gemütlichen Hotel, da bist Du der Meister des Antichambrierens. Beim Frühstück gehst Du von Tisch zu Tisch, verschenkst nette Worte und Vorfreude auf den Tag. Beim Gäste-Abend am Dienstag machst Du Dich neben Deiner Lotti in Sketchen zum Clown, am Donnerstag führst Du Gruppen aus Eurem Hotel auf den Berg und zeigst ihnen von oben die Tauernrunde und die Schneeschüssel, die weiteren Beton nicht mehr verträgt.

Lieber Dieter,
mir fehlen unsere Gespräche, Deine Lebensweisheiten, Deine Herzlichkeit und Verschwiegenheit. Nie würdest Du ausplaudern, was Dein Freund Franz Beckenbauer mit Dir bespricht, der nur zwei Straßen weiter ein Haus

gebaut hat und regelmäßig auf ein Glas Wein vorbeikommt. Mir fehlt Dein »Sensationell«, wenn Du die eigenen Geschichten kommentierst. Geschichten von Deiner Skischule in Kanada, von langen Nächten in Obertauern oder von Deinem 3. Platz bei den Nordafrikanischen Skimeisterschaften. Irgendwann, mit dem verschmitzten Dieter-Kindl-Lächeln im Gesicht, schiebst Du die Pointe nach: Es waren nur drei Skifahrer am Start.

(01.03.2014)

Jürgen Kossowski sitzt im Rollstuhl, hat ein Spenderherz. Und hört nicht auf, für die Rechte von behinderten Mitmenschen zu kämpfen.

Lieber Jürgen,
wir haben uns erstmals auf einer Party getroffen. Du warst mittendrin, hast zugehört und mitdiskutiert, hast gelacht und selbst Witze gemacht. Und zwischendurch hast Du auf Dein iPhone geschaut und uns die Zwischenstände durchgegeben. 1:0 für den BVB, 2:0, 3:0 – und Deine Augen haben mit jedem Tor schwarz-gelber gestrahlt. In einem stillen Moment hast Du mir Deine Geschichte erzählt. Schon als Schulkind warst Du einer, der beim Fangenspielen immer hinterherlief, der nicht auf Touren kam. Du fühltest Dich steif, unbeweglich. Bestimmt haben Dich Deine Mitschüler verspottet, gehänselt. Deine Eltern sind mit Dir von Arzt zu Arzt gelaufen, bis die niederschmetternde Diagnose feststand: Du leidest an Muskeldystrophie, im Volksmund Muskelschwund genannt. Wie schrecklich muss es gerade für Deine gesunde Mutter gewesen sein, als Mediziner ihr sagten, dass diese Dystrophie Mütter an Ihre Kinder vererben können, wobei nur Jungen erkranken.

Seit zehn Jahren sitzt Du im Rollstuhl, der Muskelschwund befällt Deinen ganzen Körper. Nicht nur die Beine, auch Arme, den Rücken, das Herz. Es ist eine unheilbare Krankheit. 2003 hast Du ein Spenderherz bekommen, zum Glück hat Dein Körper es angenommen; dafür musst Du allerdings täglich Tabletten schlucken. Du hast mir verraten, Du seist froh, dass in Deutschland, anders als in den USA, die Patienten nicht erfahren, wer ihnen das Herz gespendet hat. »Das ist völlig richtig so«, sagst Du. »Statistiken zeigen, dass Herztransplantierte in Amerika viel größere psychische Probleme haben als bei uns. Sie setzen sich einfach zu sehr mit dem Schicksal des toten Spenders auseinander.«

Du kennst Dich aus. Und Du willst anderen Mut machen, möchtest ihnen helfen. Deshalb arbeitest Du ehrenamtlich in den Vorständen des Landesverbandes der »Deutschen Gesellschaft für Muskelkranke e. V.«, auf Bundesebene für Bridge2life, den »Selbsthilfeverband für Organtransplantierte, Kunstherzpatienten und Patienten mit terminaler Herzinsuffizienz e. V.«. Ein Verband mit einem schwierigen Namen, aber mit einem großen, bewundernswerten Ziel: Betroffenen das Leben leichter zu machen, ihnen wieder Lebensfreude zu geben. Du warst und bist ein Kämpfer. Ein beeindruckendes Vorbild. Einer, der immer einen geraden Weg geht, der stets Lösungen sucht, um Ziele zu erreichen. Du hast in Dortmund studiert, wurdest Diplom-Chemiker, hast promoviert. Du sagst aber auch: »Dies alles hätte ich ohne die Unterstützung meiner Mechthild nicht geschafft, die seit 40 Jahren an meiner Seite steht.« Du opferst fast Deine ganze Freizeit, um für andere da zu sein. Auch deshalb hast Du alles getan, um mobil zu bleiben. Du hast einen Rollstuhl, den Du hoch- und runterfahren kannst, damit die Gesprächspartner nicht immer auf Dich runterschauen. Du hast einen Spezialwagen, den Du selbst steuern kannst. Und Deine Wohnung in einem Mehrgenerationenhaus ist vollständig behindertentauglich.

Nicht jeder, auch das weißt Du, hat diese Möglichkeiten. Du setzt Dich für Projekte ein, die Nicht-Behinderten vielleicht unwichtig erscheinen, die aber für Behinderte äußerst wertvoll sind, beispielsweise das

Aufstellen von Spezialtoiletten für Rollstuhlfahrer in Innenstädten und bei Volksfesten.

Lieber Jürgen,
weißt Du, was mir neben Deinem Kämpferherz besonders imponiert hat? Nie habe ich aus Deinen Worten Selbstmitleid herausgehört, eher schon den Wunsch nach Toleranz und Rücksichtnahme für alle Behinderten. Ich bewundere zudem, dass Du trotz Deines eigenen schweren Schicksals die Kraft besitzt, anderen zur Seite zu stehen, sie zu trösten und aufzurichten. Und ganz ehrlich: Es rührt mich, wenn Du ein klein wenig von Deiner Nächstenliebe zurückbekommst. Erstmals in Deinen 58 Jahren, dem BVB sei Dank, warst Du jetzt bei einem Borussen-Heimspiel im Stadion. Ich bekomme heute noch eine Gänsehaut, wenn Du von der Atmosphäre schwärmst. Mein letzter Satz, er gilt Deinem wichtigsten Ziel, Deinem Herzenswunsch. Ich finde es toll, dass Du nie nachlässt, Mitmenschen zu überzeugen, Organspender zu werden. (15.03.2014)

»Vielleicht bin ich zu schnell groß geworden«, sagt Ute Lemper selbstkritisch. Die Münsteranerin wurde erst gefeiert, dann derbe kritisiert und flüchtete nach New York. Anfang Dezember 2013 kommt Sie für eine Tournee zurück nach Deutschland.

Liebe Ute Lemper,
wenn Sie am morgigen Sonntag in Düsseldorf auftreten, schließt sich für mich ein Kreis. Es ist fast 30 Jahre her, da besuchte ich in Düsseldorf zum ersten Mal ein Musical und durfte Sie erstmals auf der Bühne bewundern: Als Sally Bowles, der Showstar aus dem Kit-Kat-Club, spielten, tanzten, sangen Sie in »Cabaret« alle anderen an die Wand. Ich habe seither viele Musicals gesehen, unter anderem »Cats« in New York und alle Klassiker in deutschen Theatern. Aber am meisten hat mich dieser Abend fasziniert, was ganz allein an Ihnen, an Sally lag. Mich fesselten die Ausdrucksstärke, das Temperament und dann wieder die kühle Distanz. Zugegeben auch der Vamp mit der Traumfigur, mit den endlos langen Beinen. Damals wurden Sie gefeiert, umjubelt, bewundert, in Paris als »La Lemper«, in Deutschland als die neue Marlene Dietrich, als Weltstar.

Doch fünf Jahre später schlug die Stimmung um. Journalisten schrieben nach der Inszenierung von »Der blaue Engel« vernichtende Kritiken über Sie, die Lola. Und Sie, das Mädchen aus Münster, das Ihnen schon ganz früh zu provinziell, zu katholisch, zu konservativ geworden war, flüchteten nach New York, wo Sie auch heute noch mit Ehemann und vier Kindern leben. »Es ist der mediengesteuerte Mechanismus. Erst wird man in den Himmel gelobt, dann fallengelassen«, sagten Sie.

Ich glaube, bis heute hat Deutschland nicht gelernt, mit Weltstars fair umzugehen.

An einem ungewöhnlichen Ort haben wir uns persönlich kennengelernt, durfte ich Sie interviewen. Es war in New York, ein Jahr nach den Anschlägen, in einem heruntergekommenen kleinen Hinterhof-Theater irgendwo in Manhattan. Ihnen, die gewohnt war, vor zehntausend und mehr Besuchern aufzutreten, und große Häuser ausverkaufte, lag es am Herzen, Sie waren sich nicht zu schade, vor einer Handvoll Leuten zu singen. Sie wollten Solidarität zeigen mit den Opfern von nine/eleven, den Witwen der Feuerwehrleute, die am 11. September 2001 ihr Leben verloren, um andere zu retten. Sie hatten wenig Zeit, haben mich ganz spontan, wie selbstverständlich, in Ihre Garderobe eingeladen, damit ich Ihnen Fragen stellte, während Sie sich umzogen und schminkten. Und ich habe eine Frau kennengelernt, so cool erotisch, so uneitel, so unangepasst, so selbstbewusst, die sagt, was sie denkt, die sich nicht verbiegen lässt. Eine Frau, so gierig nach neuen Aufgaben, neuen Erfahrungen. Nichts, sagten Sie damals, würde Sie so langweilen, wie immer dieselbe Rolle zu spielen, Fließbandarbeit auf der Bühne abzuliefern. Mich beeindruckte Ihre Ehrlichkeit, Ihre Selbstkritik: »Vielleicht bin ich zu schnell groß geworden.« Ihr Bekenntnis zu New York: »Das ist ja das Tolle, dass man hier als Deutscher, als Europäer das alles behalten kann, seine ganze Identität, seinen Akzent, seine Gewohnheiten, seine Beklopptheiten.« In Deutschland sei die Welt viel kleiner, und es werde einfach auch viel kleiner geurteilt im Kopf. Eine Welt, in die Sie mittlerweile aber wieder gern zurückkommen.

Liebe Ute Lemper,
Sie sind jetzt 50, haben mit 48 Ihr viertes Kind bekommen. Ich kenne keine Künstlerin, die so schnell nach einer Geburt wieder auf der Bühne stand. Die so vielseitig, auch so politisch ist wie Sie. Sie spielten in Musicals mit, singen Lieder von Weill und Brecht, von Edith Piaf und Jacques Brel. Morgen kehren Sie mit »Last Tango in Berlin« in die Düsseldorfer Tonhalle zurück. Für die Hommage an den Tango haben Sie einen ganzen Sommer lang Spanisch mit argentinischem Akzent gelernt, sind nach Buenos Aires geflogen und haben studiert, wie Altmeister Astor Piazzolla den Tango mit Klassik und Rock aufbrach. Es ist eine rebellische Musik, mit Texten über Liebe, Tod, Leidenschaft und Sehnsucht. Ich kann nicht dabei sein, habe aber einen Wunsch: Es wäre toll, wenn wir uns noch einmal treffen könnten. Gern auch wieder in Ihrer Garderobe, wie damals in New York. Ich dreh Ihnen auch wieder den Rücken zu, wenn Sie sich umziehen. Versprochen! (07.12.2013)

Er kommt erfrischend natürlich, grundehrlich und authentisch rüber: Jan Josef Liefers, vielgefragter Schauspieler, der nicht nur als Prof. Karl-Friedrich Boerne im »Münster-Tatort« begeistert. Ab Februar 2014 geht der Musiker mit seiner Band »Oblivion« auf Tour.

Lieber Jan Josef Liefers,
mir gefällt Ihre Geschichte aus der Zeit in der DDR, als Sie noch ein kleiner Junge waren. Nach dem Kindergarten brachten Sie die Erzieherinnen zu einer Lücke im Zaun, und von dort aus war es nicht weit zum Theater, in dem Ihr Vater als Regisseur und Ihre Mutter als Schauspielerin arbeiteten. Die Welt der Eltern wurde Ihre Welt. Eine Welt, in der vieles erlaubt war, was auf der anderen Seite des Zaunes ein Kind nicht durfte: seine Meinung herausschreien, Spinnereien ausleben, Experimente wagen. Das Theater wurde Ihre Rettung, Ihre Freiheit. Die Schauspielerei, eine Tischlerlehre am Staatstheater Dresden und das Schauspielstudium am Deutschen Theater halfen, dass Sie nicht zur Armee mussten. Im Herbst 1989 sollten Sie dann noch einberufen werden, doch da ging im Arbeiter- und Bauernstaat längst alles drunter und drüber, und wenige Tage vor dem Mauerfall redeten Sie selbst vor Hunderttausenden bei der größten Demonstration in der DDR-Geschichte.

Ich mag Sie als Mensch, der sich nicht scheut, die Kanzlerin zu kritisieren, weil Deutschland Ihrer Meinung nach Edward Snowden nur aus falsch verstandener Freundschaft zu den USA Asyl verwehre. Sie reisten nach Syrien, um sich selbst ein Bild vom Elend und den Grausamkeiten dort zu machen. Sie helfen todkranken Kindern

a. Conrads
Mai 2014

und brauchen dafür keine Kameras. Und Sie spielen uns mit Ehefrau Anna Loos nicht das Rote-Teppich-Eheglück vor. »Wir zoffen uns, wir vertragen uns, alles stinknormal. Von wegen Traumpaar.«

Ich mag Sie als Schauspieler. Herrlich, wie Sie als egozentrischer, selbstverliebter und arroganter Gerichtsmediziner Prof. Karl-Friedrich Boerne ermitteln und sich mit Hauptkommissar Frank Thiel käbbeln. Es ist mein absoluter Lieblings-»Tatort«, mehr Komödie als Krimi. Sie spielen aber auch traurige, ernste und liebenswerte Rollen, stolpern manchmal als sympathischer Looser durchs Leben, so verletzlich, so hilflos. Alles, was Sie spielen, wirkt erfrischend natürlich, grundehrlich, authentisch.

Lieber Jan Josef Liefers,
Sie drehen zwei, drei Spielfilme im Jahr, gehören zu den gefragtesten deutschen Schauspielern, wenn Hauptrollen vergeben werden. Sie klären in ARD- und ZDF-Kriminalserien Verbrechen auf und sind nebenbei Buchautor, Regisseur und Produzent, gehen jetzt als Sänger mit Ihrer Band »Oblivion« auf Tournee. Sie haben vier Kinder von drei Frauen. Sie sagen: »Ich sehne mich nach ein bisschen Langeweile.« Ich bin sicher: So wie damals als kleiner Junge, der durch die Lücke im Zaun krabbelte, werden Sie auch diesmal wieder den Weg zum Glück finden. (22.02.2014)

Der alte Rocker aus dem Münsterland lässt nicht locker. Udo Lindenberg bekommt gleich Vierfach-Platin für sein Kult-Album, auf der Bühne wirbelt der 66-Jährige wie zu besten Zeiten.

Lieber Udo,
diesen Brief, den hätte ich Dir auch ohne Deine neue Auszeichnung geschrieben, aber trotzdem: Hut ab! Eine Million verkaufte Tonträger von Deinem Kult-Album, dafür gab es Vierfach-Platin. Und das mit 66, andere liegen in Deinem Alter auf der Couch und zappen sich durch die Weltgeschichte.
2008, mit »Stark wie Zwei«, da habe ich noch gedacht: Mensch, der alte Rocker aus dem Münsterland hat noch mal einen rausgehauen. Tolle Tour, tolle Kumpels, tolle Texte: Eigentlich bin ich ganz anders, ich komm nur viel zu selten dazu ... Deine Songtexte sind gesungene Lebenserfahrung, genuschelte Biographie. Sie sind schönste Poesie, mal traurig und melancholisch, dann so lebensfroh und abenteuerlich, verliebt und enttäuscht. Immer Udo-ehrlich: Ein Herz kann man nicht reparier'n …
Einst Kellner, Schlagzeuger, Provinzmusiker, heute Panikrocker, ein Star, schicker oder auf dem Trockendock, anders: Man mag Dich oder nicht. Aber jedermanns Liebling, das war noch nie Dein Ding: ... egal was die ander'n sagen, was die Schwachmaten einem so raten … Schwachmaten, das wissen wir beide, gibt es genug. Deshalb und wegen Cello und Hinterm Horizont und Reeperbahn darf keine andere CD mit mir Auto fahren.
»Ich gucke nicht oft in den Rückspiegel des Lebens«, hast Du mal gesagt. Ich mache es. In den 70ern war es, da hatte ich Tickets für die Premiere Deines ersten Films,

den Namen des albernen Streifens habe ich vergessen. Als der Abspann in der ausverkauften Essener Lichtburg läuft, peinliche Stille. Doch dann kommst Du auf die Bühne, sagst, das war wohl nichts, und rockst das Theater, zwei Stunden lang ... und überhaupt ist wieder alles klar auf der Andrea Doria ... Geschätzte 25 Jahre später, After-Show-Party nach der Echo-Verleihung. Du trinkst Eierlikör aus dem Bierglas, Deine Bodyguards sind mit Dir gealtert, wehren meine Tochter ab, die um ein Foto bittet. Doch du winkst sie heran, wortlos, ohne Floskeln, ohne aufgesetztes Lächeln.

Lieber Udo,
Du bist mit dem Zug nach Pankow gefahren, Du liebst das Meer und die großen Pötte, Du lebst seit 15 Jahren in Deiner Panik-Zentrale, im Hotel Atlantic. Du bist Zeit Deines Lebens ein Reisender. Ich wünsche Dir und mir und all den anderen, dass Du nie ankommst.

(09.06.2012)

Ein uneitler Rocker nimmt mit seiner Tournee Abschied von dem kleinen grünen Drachen Tabaluga: Peter Maffay gehörte 1983 zu den Erfindern der Fabelfigur, die Millionen Kinder und Erwachsene verzauberte.

Lieber Peter Maffay,
Auch wenn Sie selbst nicht in das Kostüm von Tabaluga schlüpfen: Für mich sind Sie in den kommenden drei Monaten der kleine grüne Drache, der auf seine letzte große Reise geht und so vieles erfährt über die Zeit, über die Liebe, auch über den Tod. Kinder und der Tod, das passt auf der Bühne so wenig zusammen wie das Märchen und der Rocker, der 1983 gemeinsam mit anderen die lustige Fabelfigur erfand. Der immer schon mutig und neugierig genug war, Grenzen zu überschreiten, und der weltweit millionenfach belohnt wurde – mit dem verzückten Lächeln von Jungen und Mädchen. Von Erwachsenen. Die neue Tournee ist ein langer Abschied von einem Drachen voller Träume, Sehnsüchte, die in jedem von uns stecken. 54 Aufführungen in 90 Tagen, allein fünf Shows an drei Tagen in Dortmund.

Ich habe es Ihnen schon mal im Gespräch verraten: Noch nie sah ich Tabaluga tanzen, nie war ich in einem Ihrer Konzerte, nie habe ich eine Ihrer Schallplatten oder CDs gekauft. Dabei habe ich Ihre alten Schlager gemocht, herbeigefühlt in Zeiten, als es das Wort Kuschel-Rock noch nicht gab. »Und es war Sommer, das erste Mal im Leben …« Sie sind ein 63-jähriger, uneitler Rocker, der dazu steht, seine Schmuse-Hits der 70er und 80er zu singen und mit Tabaluga zu spielen. Der in Gesprächen so nachhaltig, ehrlich, bescheiden, ernsthaft und doch mit dem so sympathischen Quäntchen

Humor rüberkommt. Der erzählen könnte von der Wehmut nach seiner rumänischen Heimat, von wilden, versoffenen Anfangsjahren, von seiner Stiftung und den vielen benachteiligten Jugendlichen, die mit ihm auf seiner Finca auf Mallorca leben oder an Bord des Tabaluga-Schiffes gehen.

Lieber Peter Maffay,
in Interviews vor dem Tournee-Start haben Sie über die Angst vor dem Tod gesprochen, über Ihre Zeit, die langsam abläuft. Lassen Sie den kleinen grünen Drachen weiterleben. Am Ende der Reise weiß er, dass die Zeit nur in Träumen anhält. Und dass es etwas gibt, das die Zeit besiegt. Die Liebe. (13.10.2012)

Your Majesty Elisabeth II. ist Gastgeberin des Champions-League-Finales in Wembley. Aber niemand weiß, wem die Queen den Sieg gönnt. Bayern München oder Borussia Dortmund?

Your Majesty,
mit Ihrem Königreich verbinde ich Shakespeare, die Beatles, Fish & Chips, mit Anstand in der Schlange stehen, Boris Beckers geballte Faust, ein Tor, das keines war, und ein Golden Goal. Sowie meine erste Klassenfahrt ins Ausland mit einem peinlichen Auftritt vor einem Kiosk in der Victoria Station. Mein Englischlehrer stand hinter mir, und ich sagte den Satz, den er und ich nie vergessen werden: I become three stamps.

Ganz ehrlich: Ich weiß auch nicht, ob ich die Anrede richtig gewählt habe. Google gab keine klare Auskunft, und Adelsexperte Rolf Seelmann-Eggebert war irgendwie nicht erreichbar. Er hätte mir bei der Gelegenheit bestimmt auch verraten, ob Sie heute selbst auf der VIP-Tribüne im Wembley-Stadion Platz nehmen oder doch lieber den Langzeit-Reservisten in Sachen Thronfolge, Ihren Sohn Charles, schicken.

Wobei, Sie wären mir lieber. Keiner kann besser mit Würde und so wenig Gefühlsregung deutsche Kapitäne trösten (Uwe Seeler nach dem verlorenen WM-Finale 1966) oder beglückwünschen (Jürgen Klinsmann nach dem EM-Sieg 1996). Und an beiden Aufgaben werden Sie oder Charles mit seiner Camilla heute garantieret nicht vorbeikommen. Denn erstmals stehen zwei deutsche Teams im Champions-League-Finale, und das im Mutterland des Fußballs, dazu noch in einem Stadion, in dem sich – obwohl erst 2007 eröffnet – britische

Fußball-Tradition als Gänsehaut in unsere Seele brennt: You'll Never Walk Alone ...

Sie können stolz auf Ihre Landsleute sein. Sie haben mit dem in Ihrem Königreich so gepflegten Fair Play, ohne Neid und mit Hochachtung, Bayern und Borussia zum Einzug ins Finale gratuliert. Ich mag Ihr Volk sowieso, wenn es nicht gerade in Horden mit verbrannter Haut, underdressed und bierselig über spanische Strände herfällt. Ich mag den feinen, auch skurrilen Humor, die kantige, unangepasste, ehrliche Art, auszuteilen und einzustecken, die eigene Meinung zu äußern und nicht immer im Euro-Strudel mitzuschwimmen. Diese Speakers'-Corner-Mentalität wünsche ich mir auch in unserem Merkel-Land.

Königliche Hoheit (besser?),
Sie sind die Mutter aller Königinnen. Mit 25 setzte man Ihnen die Krone auf, seit mehr als 60 Jahren sitzen Sie auf dem Thron und werden erst mit dem Tod als Queen abtreten, weil Sie immer alles konsequent zu Ende bringen. Ihre größten Abwechslungen in Ihrem vorbestimmten königlichen Leben, so scheint es, waren Hochzeiten, Geburten, Jubiläen, Todesfälle, Scheidungen und Skandale. Gerade von beiden Letzteren gab es mehr als genug, sie brachten aber die Mauern des Buckingham Palace nicht ins Wanken.

Heute Abend wünsche ich Ihnen ein spannendes Spiel und Franz Beckenbauer und BVB-Chef Hans-Joachim Watzke als Sitznachbarn. Unser Kaiser wird Ihnen wahrscheinlich bis zum Schlusspfiff die Ehre geben. Im Finale 1999 fuhr er nämlich kurz vor Spielende mit dem Aufzug nach unten, um seinem Verein den Pokal zu überreichen.

Da stand es 1:0 für die Bayern. Als er unten ankam, hatte Manchester United mit 2:1 gewonnen. Bei Aki Watzke bin ich mir nicht sicher, ob er sitzen bleibt. Es hielt ihn schon im Halbfinale gegen Real Madrid nicht auf seinem Platz. In den letzten Minuten flüchtete er dorthin, wo auch Königinnen zu Fuß hingehen. (25.05.2013)

Das Fremdschämen für Lothar Matthäus, der Abstieg in die Kreisliga C des Lebens, geht weiter, diesmal in einer Doku-Soap auf Vox. Auch hier lässt der Rekordnationalspieler kein Peinlichkeit aus.

Lieber Lothar Matthäus,
als Du noch Stollen unter den Schuhen hattest, da war Deine Welt in Ordnung. Du wurdest Weltmeister, Rekordnationalspieler und Ehrenspielführer – so wie Fritz Walter, Franz Beckenbauer, Uwe Seeler, unsere Idole auch nach dem Ende ihrer Karriere.

Bei aller Sympathie für Dich als Fußballer, der auf dem Platz die Ärmel aufkrempelte, rackerte und so lange den schwachen linken Fuß trainierte, bis Du damit in Deinem besten Länderspiel überhaupt, gegen die Jugoslawen bei dem WM 1990 in Italien, das 1:0 erzieltest: Du hast Dein Punktekonto aufgebraucht, bist abgestiegen in die Kreisliga C des Lebens; danach droht nur noch das Dschungelcamp.

Die Statistik der Peinlichkeiten, ich will sie Dir nicht ersparen. In der Rangliste der heiratsfreudigsten deutschen Promis liegst du mit vier gescheiterten Ehen vor Gerhard Schröder und Peter Maffay, nur unser ehemaliger Turnschuhminister Joschka Fischer hat sich einmal mehr getraut. Deine Trainer-Karriere ist eine exotische Bankrotterklärung: Partizan Belgrad, Atletico Paranaense, Red Bull Salzburg, Maccabi Netanya, Nationaltrainer von Ungarn und Bulgarien. Auch wenn sich Uli Hoeneß entschuldigt hat, sein Satz hat sich für immer eingebrannt in Deine Visitenkarte: »So lange ich und Kalle Rummenigge hier etwas zu sagen haben, wird der Lothar nicht mal Greenkeeper im neuen Stadion.« Jetzt lässt Du

Dich vorführen von Vox, der das Fremdschämen auf ein Quotentief reduziert, indem er Deine Doku-Soap ins Spätprogramm verbannt.

Lieber Lothar Matthäus,
ich wünsche Dir den Blick nach vorn, ohne Kameras, ohne Privat-Sender, ohne junge Frauen, die nur den Weltmeister auf dem roten Teppich lieben. Wen ich auch von Deinen ehemaligen Mitspielern treffe, alle loben Dein Fachwissen, Deinen Willen, Deinen Ehrgeiz. Gib das Wissen, gib die Werte weiter als Trainer einer Jugendmannschaft, der Talente ausbildet, begeistert. Ich wünsche Dir zudem eine Frau, die Dich so liebt, wie Du bist, und gerne die Trikots der Jungen wäscht. Diese Frau hätte das Herz auf dem richtigen Fleck. (07.07.2012)

249 Bewohner eines spanischen Dorfes gewannen in einer Lotterie Millionen, nur Costis Mitsotakis ging leer aus. Er kann damit leben: »Glück ist nicht Geld. Glück ist Freiheit.«

Lieber Costis Mitsotakis,
Ihre Geschichte liest sich wie ein Märchen. Ein Märchen, so unglaublich, so fantastisch, dass es niemand hätte besser schreiben können als das Leben. Ein Märchen, das Sie über Nacht zum wohl größten Pechvogel in der Geschichte Spaniens machte und Sie vielleicht doch mit einem Happy End belohnt.

Was haben Sie gedacht, als Sie am ersten Weihnachtstag 2011 morgens um 8.57 Uhr die Nachricht im Radio hörten? Sodeto, das Dorf, in dem Sie leben, hatte den größten Lotto-Jackpot der Welt geknackt. 249 Bewohner hatten zusammen 120 Millionen Euro gewonnen, einige Hunderttausend Euro, andere mehrere Millionen. Nur ein Einziger ging leer aus: Sie, der Filmemacher aus Griechenland. Waren Sie neidisch auf die Glückspilze, die den Champagner haben fließen lassen, die sich neue Traktoren kauften und Träume erfüllten? Waren Sie sauer auf die Frauen des Dorfes, die die Nummer 58268 gewählt hatten und von Tür zur Tür gegangen waren, um die Serie von 195 Losen zum Stückpreis von 200 Euro zu verkaufen? Denen aber der Weg zu Ihrem Gehöft, das am Ortsrand liegt, zu weit war. Zumal Sie es in den Vorjahren abgelehnt hatten, das Glück zu versuchen.

Ich habe Interviews gelesen, Filme gesehen und bin überzeugt: Sie sind eine ehrliche Haut. Ich glaube Ihnen, wenn Sie sagen: »Ja, klar, ich habe mich geärgert, immer wieder gefragt, warum habe ich nicht gewonnen.« Aber aus Ihrer Stimme klang kein Neid, schon gar kein Hass auf die Frauen des Dorfes. Sie sind an diesem Morgen in Ihrem klapprigen Kastenwagen ins Dorf gefahren, haben mitgefeiert und das gemacht, was Sie als Filmemacher am besten können. Sie haben die Gewinner, die mittlerweile ihren Reichtum in Garagen verstecken, gefilmt. Und den einzigen Verlierer, sich selbst, auch. »Glück«, werden Sie später sagen, »ist nicht Geld. Glück ist Freiheit.«

Sie leben Freiheit, Sie haben sie immer gelebt. Wie 2003, als Sie Sandra in Athen kennenlernten. Sie kratzten Ihr Geld für einen Camper zusammen, machten sich auf den Weg. Albanien, Italien, Ungarn, Österreich, Schweiz, Frankreich, Spanien … kamen nach Sodeto, um Sandras Großmutter zu besuchen, die wenig später starb. Sie blieben, Sandra trennte sich von Ihnen. Aber Sie, warum auch immer, konnten sich von Sodeto nicht trennen.

Lieber Costis,
Sie sind als griechischer Spanier für mich ein Symbol, dass Europa lebt. Sie sind der Erste, dem ich noch einmal schreiben möchte. Um Ihnen Glück zu wünschen für Ihren Film, der bald in die Kinos kommt. Für Hollywood, das mit Ihnen verdienen will. Für die Zukunft als glücklichster Pechvogel aller Zeiten. (20.07.2013)

Eine bis dahin fast unbekannte Autorin, Jojo Moyes, bringt Millionen Leserinnen und Leser gleichzeitig zum Weinen und Lächeln – mit ihrem Roman »Ein ganzes halbes Jahr«. Es ist die Geschichte des schwerbehinderten Will und seiner unbekümmerten Pflegerin Lou.

Liebe Jojo Moyes,
der kürzlich verstorbene Marcel Reich-Ranicki hat einmal gesagt, ein Roman dürfe nicht nur unterhaltsam sein, er müsse es sogar sein. Ihr Buch ist mehr als nur das. Es ist bedrückend und aufmunternd zugleich, es regt auf und tut gut, es lässt uns lächeln und weinen. Wir wollen am liebsten die Seiten überfliegen, sofort den Schluss lesen – oder das Ende gar nicht wahrhaben. Mit »Ein ganzes halbes Jahr« haben Sie die wundervollste Geschichte geschrieben, die ich im Jahr 2013 gelesen habe.

Im Interview auf den letzten Seiten des Buches verraten Sie uns, dass Sie ein bisschen wie Lou fühlen und denken. Lou, die junge Frau, die in der Kleinstadt wohnt, die ihren Job als Kellnerin verliert und die der Alltag langweilt. Bis sie als Pflegerin von Will eingestellt wird und sich in ihn verliebt. Will, einst vom Leben verwöhnt, reich, ein Frauenschwarm und erfolgreicher Geschäftsmann, den ein Unfall zum Tetraplegiker macht, der sich nicht bewegen kann, aber bei vollem Verstand ist. Will wünscht sich nur eines: den Tod. Zugegeben. Der Stoff klingt eher kitschig, reif für Hollywood. Doch kitschig finde ich nur den Buchumschlag: eine Frau auf einer Blumenwiese, die eine Taube fliegen lässt. Es soll vermutlich das Loslassen, die innere Zufriedenheit symbolisieren. Doch im Inneren, da sind wir wohl alle ein bisschen Lou. Mit ihren anfänglichen Hemmungen und der Unsicherheit, mit einem Behinderten umzugehen, Fehler zu machen. Mit dem Wunsch, ihm das Leben lebenswert zu gestalten, ohne zu wissen, was der Rollstuhlfahrer überhaupt möchte. So kutschiert Lou Will, der Pferderennen hasst, zur Rennbahn und bleibt im Schlamm stecken. Mit jeder Seite spüren wir, was der junge Mann wirklich will: Respekt und selbst entscheiden dürfen. Auf keinen Fall Mitleid. Und wir erfahren, was nur Vertrauen und Liebe schaffen können. Es sind Gänsehaut-Momente: Der Tanz der beiden auf der Hochzeit der Ex, die Will nach dem Unfall im Stich gelassen hat. Will, der Lou zum Geburtstag grelle Ringelstrumpfhosen schenkt, die auch Sie als Kind geliebt haben. Die Nähe des Liebespaares im Traumurlaub vor Wills letzter Reise in die Schweiz.

Sie haben einen Roman geschrieben, der manchmal so sehr schmerzt, dass wir das Buch weglegen. Und dann wiederum gieren wir nach den nächsten Seiten, weil Lou und Will ihre Stärke weitergeben.

Liebe Jojo Moyes,
ich weiß nicht, ob Sie als Engländerin die TV-Show »Wetten, dass ..?« kennen. Ich saß in der dritten Reihe, als auf der Bühne ein Wettkandidat bei einem Sprung über ein Auto schwer stürzte. Die Bilder gehen mir nicht mehr aus dem Kopf; der junge Mann ist seitdem gelähmt. Ich wünsche ihm eine Lou. Lou steht für Ehrlichkeit, Zufriedenheit, das kleine und große Glück. Für Liebe.

(23.11.2013)

Die britische Billigfluglinie Ryanair kommt mit Turbulenzen und Notlandungen, ihr Kapitän Michael O'Leary mit frechen Sprüchen und witzigen Marketingaktionen in die Schlagzeilen.

Sehr geehrter Herr O´Leary,
Sie sind das Großmaul und der böse Bube der Flugbranche, als Chef der größten europäischen Billigfluglinie der schlimmste Geizhals und Sparfuchs über den Wolken. Ihre Werbe-Maßnahmen und schrillen Auftritte gehen unter die Gürtellinie, Ihre krassen Sprüche verletzten die Konkurrenz und manchmal auch die Kunden. Nur bei einem Thema scheinen Sie keinen Spaß zu verstehen. Zitat: »Meine größte Sorge gilt der Sicherheit. Ich will auf keinen Fall einen Ryanair-Unfall erleben. Darüber habe ich schlaflose Nächte.« Drei Notlandungen, Turbulenzen und verletzte Passagiere, Motorschaden und andere technische Probleme, die Diskussion um zu wenig Treibstoff – bestimmt schlafen Sie momentan wirklich schlecht. Ein abgezockter Medien-Profi wie Sie weiß, dass meine Zunft nun erbarmungslos alle Schwachstellen aufdecken wird.

Ich selbst habe bei Ryanair online Mallorca-Flüge gebucht. Es war eine Zumutung, ein Ärgernis. Ein Klick zu wenig, ich hätte Versicherung und Mietwagen an der Backe gehabt und am Check-in-Schalter für den nicht angemeldeten Koffer mehr bezahlt als für den Flug. Und erst an Bord: Ihre Flugbegleiterinnen können zwar nichts für das geschmacklose Billig-Outfit. Als mir aber eine Zeitung aus der Hand fiel, wurde ich von einer übergewichtigen Mitarbeiterin im Offizierston angepfiffen, das Blatt selbst aufzuheben. In Ihren 275 Einheitsmaschinen, Boeing 737-800, bekommen wir nur gegen Aufpreis reservierte Sitzplätze, gratis gibt's lediglich Ihre immer neuen Sparideen. Stehplätze an Bord, Klo-Gebühren, Aufpreis für übergewichtige Passagiere (worüber übrigens wirklich mal ernsthaft nachzudenken wäre).

Sehr geehrter Herr O'Leary,
nicht, dass Sie mich falsch verstehen. Seit 1993 haben Sie vieles bewegt. Sie machten aus einer defizitären Regionalklitsche die erfolgreichste europäische Fluggesellschaft mit jährlich 76 Millionen Passagieren. Dank Ihrer irischen Bauernschläue wurde Ryanair das Aldi der Lüfte. Die Aida-Flotte macht Kreuzfahrten für jedermann möglich, Ihr spitzer Bleistift lässt uns alle in die Luft gehen. Auch Ihretwegen rückt Europa immer enger zusammen. Sie sind kein abgeleckter Manager im feinen Zwirn, Sie sind ein Arbeiter in Jeans: unangepasst, schlitzohrig, kritisch, direkt, meistens ehrlich. Ich schmunzele, wenn Sie mit einem Panzer zur Konkurrenz rollen oder auf Ihre Flieger »bye-bye Späthansa« schreiben. Ich nehme in Kauf, dass ich keinen Platz für meine Beine habe, wenn der Preis stimmt. Aber garantieren Sie Sicherheit, halten Sie Ihr Versprechen. Ersparen Sie uns und sich schlaflose Nächte. Ich will nicht, dass die Angst mitfliegt.

(29.09.2012)

Er schreibt Geschichten aus dem Leben, aus seinem Leben. Hanns-Josef Ortheil erzählt in seinen Romanen vom Tod des Vaters, von Abenteuern in Rom, von der ersten Liebe.

Sehr geehrter Herr Ortheil,
sicherlich fragen Sie sich, warum ich Ihnen heute schreibe, es gibt ja kein neues Buch. Die Antwort ist einfach. Ich habe im Urlaub Ihren Roman »Die Erfindung des Lebens« gelesen und ließ mich wie Ihre Hauptfigur Johannes durch Ihre Lieblingsstadt Rom treiben, durch Gassen, die nicht zur Spanischen Treppe und zum Trevi-Brunnen führen. Als ich heimkehrte, fand ich im Zeitungsstapel einen Artikel, den Sie verfasst haben. Über die süße Mühsal Ihrer täglichen Arbeit. Sie führen Chronik über Ihr Leben, dokumentieren täglich Erlebtes mit Bildern, Skizzen, Protokollen – und irgendwann wächst alles zusammen zu Motiven, zu Themen, zu einem Roman.

Ich mag keine Science-Fiction, keine Krimis, keine historischen Romane. Ich liebe Geschichten aus dem Leben, ich liebe Geschichten aus Ihrem Leben, das auch unseres ist. In »Schwerenöter« sind wir die Generation, die nach dem Zweiten Weltkrieg geboren wurde und in den fünfziger Jahren aufwuchs. In »Abschied von den Kriegsteilnehmern« verarbeiten wir das Leben, den Tod des Vaters. In »Agenten« sind wir in den achtziger Jahren auf dem Egotrip; was zählt, sind Geld, Karriere, Konsum. Auch im Roman »Die Erfindung des Lebens« spielen Sie die Hauptrolle, spielen sich selbst. Die stumme Mutter; der Junge, der erst mit sieben Jahren den ersten Satz spricht; der begabte Klavierspieler, den eine Verletzung stoppt. Die Leidenschaft für Rom; Erinnerungen eines Schriftstellers an die erste Liebe, Erfolge, Freundschaften und Schmerzen. Ich mag, wie Johannes, wie Hanns-Josef sich gegenüber Frauen verhält, so schüchtern, zaghaft, fast ängstlich. Wie er seiner Heimat, erst Köln, dann dem Westerwald, huldigt. Wie er Vater und Mutter achtet, an den richtigen Stellen schweigt und verstanden wird.

Sehr geehrter Herr Ortheil,
Ihre Biographien sind Romane, die zu schade sind, um sie einfach herunterzulesen. Ich verordne mir Pausen, um sie zu genießen. Ganze Abende habe ich an der Theke mit meinem besten Freund über Ihre Bücher diskutiert, auch herrlich kontrovers. Ich finde nicht gut, dass Sie in Rom Ihrer jungen Musikschülerin beim Konzert die Schau stehlen und sich selbst ans Klavier setzen. Aber Ihr Leben verschreibt Ihnen genau dieses Happy End.

(04.08.2012)

Juni 2014

Im »Dortmunder U« wird Schauspielerin Liselotte Pulver für ihr Lebenswerk ausgezeichnet. Und plötzlich ist es wieder da, was uns schon vor Jahrzehnten verzaubert hat: ihr unwiderstehliches Lächeln.

Liebe Liselotte Pulver,
würde ich eine Umfrage machen, was die Älteren unter uns mit Ihrem Namen verbinden, ich glaube, die Antworten zu kennen: Es sind Ihre Filme »Ich denke oft an Piroschka«, »Die Zürcher Verlobung«, »Das Wirtshaus im Spessart«, zugegeben in die Jahrzehnte gekommene Klassiker, schmalzig und nostalgisch schön, mit ganz viel heiler Welt, aber jede Wiederholung wert. Und es ist vor allen Dingen Ihr Lachen, das Millionen verzaubert hat. Ein Lachen voller Lebensfreude, so ehrlich, so herz- und besitzergreifend, so natürlich, nicht selten aber auch mit einem Hauch von Unsicherheit.

Bei der Verleihung des »Steiger Award« im »Dortmunder U« durfte ich dieses Lachen live erleben. So sehr sich auch Laudator Alfred Biolek auf der Bühne bemühte, Ihr Lebenswerk in Worte zu fassen: Mein Blick klebte förmlich auf Ihrem Gesicht, den wachen, strahlenden Augen, den sympathischen Lachfalten. Ihr Lächeln streichelte die Seele, sagte mehr als alle Worte. Es verriet uns, dass Sie Ihr Leben lieben, Ihre Leidenschaft immer der Schauspielerei gehörte und gehören wird, dass Sie die Anerkennung genossen haben. Es war das Lächeln einer Frau, die auch einen Tag nach ihrem 84. Geburtstag genau so viel Wärme ausstrahlt wie in den 50er Jahren, als sich die Regisseure in Berlin, Paris und Hollywood um sie rissen. Sie sind so witzig, wenn Sie beispielsweise erzählen, dass Sie eine Hüfte aus Titan haben, aber auch einen Gas-Fuß und deshalb jede Menge Knöllchen einsammeln. Sie sind so ehrlich, wenn Sie zugeben, dass Sie es in der Altersresidenz nicht ausgehalten haben und wieder in Ihre weiße Villa am Genfer See gezogen sind. Sie sind zu bescheiden, um damit zu prahlen, dass Sie vier Sprachen sprechen und sechs Bambis bekommen haben. Dass Sie nicht nur in komischen Rollen brillierten, sondern auch in ernsten, tragischen. Sie haben mit den ganz Großen Ihrer Zunft gespielt, mit Gustaf Gründgens, mit Jean Gabin. Sie führten und führen ein außergewöhnliches, ein luxuriöses Leben, um das Sie viele beneiden. Kaum einer weiß allerdings, dass Sie es anfangs auf sich nahmen, in München in einem zerbombten Hotel ohne Dach zu wohnen, um in Deutschland Karriere machen zu können.

Liebe Lilo Pulver,
Sie sind eine starke Frau. Sie ließen uns gemeinsam lachen, aber Ihren Schmerz wollten Sie nie teilen. Ihre Tochter Melisande nahm sich das Leben, Ihr Mann Helmut starb 1992 drei Jahre später an einem Herzinfarkt. In der Liebe hatten Sie nur selten Glück. Schwache Männer langweilten Sie, aber starken, meist verheirateten Männern waren Sie meist nicht mehr wert als einen Seitensprung. Wie Sie selbst sagen, waren Sie beileibe kein Superweib. Aber wir vergötterten Sie sogar in »Kohlhiesels Töchter«. Da spielten Sie nicht nur die reizende Liesel, sondern auch deren derbe Schwester Susi, einen unfrisierten Bauerntrampel. Es ist Ihr einzigartiger Charme, der unser Herz lachen lässt. (26.10.2013)

Josef Quadflieg, ein Journalist alter Schule, ein kritischer Lokalredakteur. Seine Artikel mit dem »q« als Kürzel fürchteten die Stadtoberen. Er war aber auch ein unnachgiebiger Lehrmeister; ein Vorbild für viele, die heute noch für seine Zeitung schreiben.

Sehr geehrter Herr Quadflieg,
ich schreibe Ihnen, um endlich Dank zu sagen. Denn ich bin mir sicher: Ohne Sie hätte ich keinen einzigen meiner Briefe geschrieben, wäre ich nie Journalist geworden. Sie waren Redaktionsleiter in Bottrop; ich begann als freier Mitarbeiter, der sich sein Zeilengeld verdiente. Wie oft haben Sie mich in Ihr Büro mit den dunklen, alten Holzmöbeln gerufen, haben mit mir Satz für Satz meine Artikel besprochen und umgeschrieben. Sie waren erst zufrieden, wenn alles perfekt war. »Hermann, Schreiben ist Arbeit, harte Arbeit. Deine Leser müssen Dich verstehen, die darfst Du nie verärgern. Sei neugierig, aber lass Dich nicht vor den Karren spannen. Höre beide Seiten, aber mach Dich nicht gemein mit einer Sache.«

Ihre Tipps, das wurde mir erst viel später bewusst, haben mich geformt. Genau diese Tipps gebe ich heute an junge Kolleginnen und Kollegen weiter. Denen ich ebenfalls rate, was Sie mir weiterhin auf den Weg gegeben haben: Wer schreibt und sich öffentlich macht, muss mit Kritik umgehen können.

Die Artikel mit dem kleinen »q« am Ende, Ihrem stadtbekannten Kürzel, waren am Samstag das Markenzeichen der Bottroper Lokalausgabe. Es waren 1-Spalter meist auf der 3. Seite, kaum 30 Zeilen lang, bissig-direkte Kommentare, die von den Oberen gefürchtet wurden und für Diskussionen an den Stammtischen sorgten. Auch sonst legten Sie sich mit Politikern aller Parteien an, am liebsten mit dem Oberbürgermeister. »q« stand für Meinungsfreiheit, für Auflehnung und Mut, sich von den Mächtigen im Rathaus nicht einschüchtern zu lassen. Und wenn es notwendig war, deren Unfähigkeit anzuprangern.

Sie waren mein Lehrmeister, mein Vorbild, der große, wuchtige, immer souveräne, zuweilen auch arrogante Josef Quadflieg, der vor niemandem Angst hatte und sich vor die Mannschaft stellte, auch wenn sie Mist gebaut hatte. Sie kuschten vor keinem, nicht vor den Chefs in Dortmund und vor dem Filz in unserer Stadt sowieso nicht. Sie konnten beherzt austeilen, um dann in Porträts so einfühlsam zu sein wie kein Zweiter. Von Ihnen habe ich abgeschaut, zu beobachten, einzuordnen, Verantwortung zu übernehmen, mutig zu sein, etwas zu wagen. Und mich über jeden Fehler zu ärgern.

Ich mochte Sie als Redaktionsleiter, der unnachgiebig redigierte, der aber auch stolz war, wenn sein Schützling die Ratschläge beherzigte. Ich mochte Sie als Zuhörer, der nachfragte, förderte, manchmal auch mitlitt – und auf seiner alten Schreibmaschine meine Bewerbung als Volontär verfasste. Nach einer abgebrochenen Ausbildung zum Finanzinspektor und einem gescheiterten Lehramts-Studium war es die Wende in meinem Leben.

Sehr geehrter Herr Quadflieg,
Sie waren ein Erzähler mit feinem, manchmal bösem Humor, dem ich stundenlang zuhören konnte. Der eher plumpe Karneval war nicht Ihr Fall, trotzdem ließen Sie es sich nicht nehmen, selbst über den närrischen Zug

zu schreiben, der direkt an unserer Lokalredaktion vorbeiführte. Ich werde nie vergessen, dass ich an einem Rosenmontag an Ihrer Schreibmaschine sitzen durfte und Sie den Text diktierten. Was war ich stolz, dass wir den letzten Satz, die Pointe, gemeinsam, aber zugegeben auch in leichter Bierlaune formulierten.

Im Alter von 69 Jahren, im März 2003, sind Sie gestorben. Meine Kollegen, die mit mir an Ihrem Grab standen, werden bestätigen: Das kleine »q« schreibt weiter.

(29.03.2014)

Der Mann, der Millionen Deutsche auf seinen Aida-Schiffen zu Kreuzfahrern machte, hat neue Pläne. Horst Rahe setzt seine Idee von einer ungewöhnlichen Hotelkette um: erschwinglicher Luxusurlaub im Baukasten-System.

Sehr geehrter Herr Rahe,
was halten Sie davon: Wir treffen uns auf der Aidavita, am besten an der Ocean Bar, wir schauen aufs Meer und reden über Gott und die Welt und natürlich über Sie. Über einen Mann, der in Interviews stets höflich, fast zurückhaltend herüberkommt, aber immer auch als Geschäftsmann, der weiß, dass er viel geleistet hat. Der Schiffe und Unternehmen kauft und verkauft wie unsereins alte Räder und Hemden auf dem Flohmarkt. Der mit 72 die Welt, zumindest die Reisewelt, verändern will und 2013 in Warnemünde die erste Luxusherberge seiner neuen Hotelkette eröffnen wird. Übernachtungspreis: nur 39 Euro. Der sich als dritter Revolutionär des Tourismus bezeichnet. Thomas Cook habe die Reisebüros und Josef Neckermann den Flugurlaub für jedermann erfunden. Sie haben die Aida-Reederei gegründet und schickten die Clubschiff-Flotte mit dem Kussmund über die Weltmeere – es war die Geburtsstunde der Kreuzfahrten für Otto-Normalverdiener.

Sie müssen ein Mann der Zahlen, Bilanzen sein, Sie gelten als Selfmademan, Perfektionist, Strippenzieher. Als einer, der die eigene Tellerwäscher-Milliardär-Geschichte in einem Satz auf den Punkt bringt. »Nackt geboren, nichts ererbt, alles selbst geschaffen.« Besonders dann finde ich diesen Zahlenmenschen so sympathisch, so ehrlich, wenn er selbstkritisch über seinen größten Fehler spricht, dass er nämlich Frau und Tochter auf dem

Weg zum Imperium vernachlässigt hat. Ich höre Ihre Leidenschaft und Ihren Hang zur Romantik heraus für Projekte, die Ihnen am Herzen liegen, die sich nie und nimmer rechnen. Beispielsweise der Kauf des »Hotels Paradies« in der einsamen Bergwelt des Engadin mit gerade mal 23 Zimmern. Sie sind ein Visionär mit Träumen und eingebautem Taschenrechner. Sie sind erfolgreich, weil Sie Mut haben, weil Sie schon frühzeitig wussten, dass das Leben für Halbherzigkeiten zu schade ist. Ihre größte Stärke: Sie können nachempfinden, was Ihre Passagiere wünschen. Nämlich ungezwungene Tage an Bord. Mit dem Luxus, sich in Jeans und T-Shirt den Hummer vom Buffet zu holen. Mit Lust auf Party und Spaß.

Sehr geehrter Herr Rahe,
mein Lieblingsgetränk an der Ocean Bar, das ist weder Champagner noch irgendein Modedrink. Ich freue mich auf ein frisch gezapftes, eiskaltes Radeberger.

(11.08.2012)

Auf seinen Pilgertouren läuft sich Adi Raible den Kopf und die Seele frei, wanderte auf dem Jakobsweg und vom Münsterland nach Rom. Ein Einzelgänger, der als Orthopädie-Schuhtechniker Mitmenschen auf die Beine hilft.

Lieber Adi,
ich wüsste keinen, dem ich zu Ostern, dem bedeutendsten Fest der Christen, lieber schreiben würde als Dir. Du bist Christ, und von Christen sagt man ja, dass Sie in ihrem Leben in drei Städten gewesen sein müssen: in Jerusalem, Rom und Santiago de Compostela. Wenn ich diese Zeilen schreibe, bist Du unterwegs nach Jerusalem. Allein mit Dir, Deinem Glauben, Deinem Wanderstab. Zu Fuß. So hast Du auch die beiden ersten Ziele erreicht. Zuerst bist Du nach Santiago de Compostela gepilgert, wobei Dein ganz persönlicher Jakobsweg in Deinem Wohnort Gladbeck begann und nach 2900 Kilometern erst hinter dem Wallfahrtsort endete: am Cabo Finisterre. Das ist das Kap am Ende der Welt. Da hast Du es mit Deiner Heimat, der schwäbischen Alb, gehalten. Von dort kommt das Sprichwort: Der geht bis ans Ende der Welt. Deine Pilgerreise nach Rom startete im Benediktinerkloster Gerleve im Münsterland, in das Du Dich häufig zurückziehst, wenn Dir das Leben zu laut wird. In dem Du Seminare gibst für Mitmenschen, die das Pilgern erlernen möchten.

Jetzt tragen Dich Deine Füße nach Jerusalem. Du hast Deinen Rucksack am Vatikan in Rom geschultert, Du weißt, es ist der schwierigste Weg, für einen Einzelgänger nicht ungefährlich. Du läufst zu Dir selbst, aber auch mitten ins Leben, das während Deiner Touren auf drei Dinge schrumpft: Essen, schlafen und wo ist der richtige

Weg? Ein Leben ohne Luxus, mit Erlebnissen, Erfahrungen, Enttäuschungen. Ausgerechnet ein Gottesmann war es, der Dich, völlig erschöpft und durchnässt, vor der Tür des Pfarrhauses stehen ließ. Eine französische Bauernfamilie dagegen bewirtete Dich wie einen Sohn, obwohl Du eigentlich Adolf heißt und deutsche Soldaten deren Eltern und Großeltern im Krieg erschossen hatten.

Lieber Adi,
Du hast vielen, auch mir, Mut gemacht, sich allein auf den Weg zu sich selbst zu begeben, sich den Kopf freizulaufen für neue Ideen, zu entschleunigen. Du hast als Orthopädie-Schuhtechniker in Deiner Sportstube Amateur- und Profi-Sportlern wieder auf die Beine geholfen. Selbst als sich einst die verletzte Steffi Graf von Dir in Gladbeck behandeln ließ, hast Du nicht die Presse informiert. Du bist bescheiden geblieben – auch, als unsere Steffi danach mit Deinen Einlagen wieder große Turniere gewonnen hat. Du hast mir erzählt, wie Dein Rucksack auf dem Heimflug von Santiago de Compostela verloren ging, auf dem Gepäckband in Düsseldorf lag aber Dein Pilgerstab. Er ist bereits um acht Zentimeter geschrumpft, weil er Dich stützen muss. Ich hoffe, dass der Stab Dich auch bis Jerusalem stützt. (30.03.2013)

A. Clanah
Juni 2014

Im September 2013 stirbt der Literaturkritiker Marcel Reich-Ranicki, der uns gelehrt hat, über Bücher zu streiten. Dieser Brief erreicht ihn erst im Club der toten Dichter und Denker.

Lieber Marcel Reich-Ranicki,
am letzten Samstag, im Brief an den Schriftsteller Camron Wright, schrieb ich über unwiderruflich verpasste Chancen, auf Menschen zuzugehen, bevor es zu spät ist. Schon zu Lebzeiten wollte ich Ihnen schreiben, doch ich schob es immer wieder auf. Dann durchkreuzte Ihr Tod meine Pläne, und ich machte mir Vorwürfe: Warum hatte ich so lange mit meinem Brief gewartet? Ihr Leben war so außergewöhnlich, so voller Schmerz und einzigartigem Verzeihen, dass es mir ein Bedürfnis ist, Versäumtes nachzuholen. Und sei es nur, damit die Erinnerung an Ihren streitbaren Geist, die kratzige, aufgebrachte Stimme, den erhobenen Zeigefinger und das unnachgiebige Plädoyer für gute Literatur uns noch einmal für wenige letzte Momente wachrüttelt. Und wer weiß, vielleicht hängt irgendwo im Himmel ein Briefkasten.

Dies soll keine Laudatio sein; darin haben sich Freunde und Feinde, von Ihnen geförderte und von Ihnen verrissene Autoren versucht, wobei ausgerechnet eines Ihrer Lieblingsopfer, die Nobelpreisträgerin der staubtrockenen Literatur, Elfriede Jelinek, Ihnen bescheinigte, dass Sie sogar »Vernichtungen« so witzig formulierten, »dass selbst die zum Genuss werden«. Lassen wir es. Lobende, schmalzige, anbiedernde Ergüsse waren Ihnen eh so zuwider wie der Fernsehpreis, den Sie so herrlich polemisch polternd und mit gewohnt schauspielerischem

Talent verdammten, »weil ich mit dem Blödsinn hier nichts zu tun haben will«. Ich habe nur wenige Nachrufe gelesen. Sie und ich und alle, die das Altern fürchterlich und schmerzhaft finden, wissen, dass gute Worte mit jedem Geburtstag und mit dem Tod sowieso weniger an der Wahrheit orientieren.

Ich habe mir noch einmal Ihre Rede angehört, die Sie am 27. Januar 2012 im Bundestag gehalten haben. Sie, der greise, von Krankheiten gezeichnete Mann, der auf dem Weg zum Vortragstisch gestützt werden musste, der uns mit brüchiger Stimme mitnimmt ins Warschauer Ghetto. Was Sie berichten, lässt uns schweigen, schaudern, schämen. Sie sind es, der den Stenografen des Massenmordes abgeben musste. Sie diktierten am 22. Juli 1942 der polnischen Mitarbeiterin das Todesurteil, das die SS über die Juden von Warschau fällt. Und wir wissen, dass in der Schlange vor den Zügen zu den Gaskammern in Treblinka auch Ihre Eltern standen.

Es war in Berlin Ihr letzter großer Auftritt in einem Leben, das sich wie ein Jahrhundert-Roman liest. Mit einer unglaublichen Wende, als Sie und Ihre Tosia 1958 nach Deutschland zurückkehrten. Sie, der Geächtete, der Verfolgte, der Überlebende, kamen zurück, um uns Deutschen Ihre Leidenschaft für gute Literatur vorzuleben und dafür zu streiten, wie nur Sie streiten konnten. Mit so großer Leidenschaft und erlesenem Wissen, nicht selten übertrieben, rücksichtslos, verletzend, zuweilen ungerecht, aber auch pointiert, komödiantisch und einfühlsam. Und immer unterhaltsam. Dies forderten Sie auch für Bücher: »Literatur darf nicht nur unterhaltsam sein, sie muss es sogar.«

Lieber Marcel Reich-Ranicki,
danke! Sie haben uns gelehrt, zu streiten, Spaß am Lesen zu haben und nicht jedes Buch gut zu finden, das in den Bestsellerlisten steht. Ich bin ganz sicher: Im Club der toten Dichter und Denker sind Sie bald der Chef und in bester Gesellschaft. Und können Goethe, Schiller und all den anderen, die Sie vergöttert und verteufelt haben, Ihre Meinung sagen. Und wir, ja wir werden Sie vermissen. Aber Sie leben in jedem Buch weiter, das sie uns empfohlen haben. (28.11.2013)

Die Geschichte von Horst Rostek liest sich wie der Beginn des Romans »Der Hundertjährige, der aus dem Fenster stieg und verschwand«. Horst Rostek büxt aus dem Seniorenheim aus und fährt im Rollstuhl in seine Heimat, in sein altes Leben zurück.

Lieber Horst Rostek,
Sie sind nicht prominent, so wie beispielsweise Franz Beckenbauer, Herbert Grönemeyer oder Thomas Gottschalk, denen ich schon einen Brief geschrieben habe. Ich schreibe Ihnen heute, weil mich Ihre Geschichte in unserer Zeitung sehr berührt hat. Sie lässt mich schmunzeln, aber irgendwie macht sie mich auch traurig.

Kennen Sie Allan Karlsson? Er ist die Hauptperson in dem Bestseller-Roman von Jonas Jonasson: »Der Hundertjährige, der aus dem Fenster stieg und verschwand«. An seinem 100. Geburtstag flieht der Mann aus dem Seniorenheim und erlebt auf seine alten Tage so manches Abenteuer. Für mich sind Sie der Allan Karlsson aus Lembeck, einem Ortsteil von Dorsten. Auch Sie sind aus dem Seniorenheim ausgebüxt, haben niemandem vom Pflegepersonal Bescheid gesagt. Allan reist quer durch Schweden, Sie wollten nur zum Nachbarort Erle, zu einem Konzert der »Potbelly Folk Band«. Später werden Sie sagen, dass Sie sich einsam gefühlt hätten, dass Ihnen langweilig war. Aber wer weiß es außer Ihnen: Vielleicht wollten Sie noch einmal zurück in Ihr altes Leben, in Ihre Heimat, dorthin, wo Sie 30 Jahre lang glücklich mit Ihrer Ehefrau gewesen waren. Sie starb im Januar. Allan fährt mit Bahn, Bus und Auto, Sie dagegen surrten mit Ihrem elektrischen Rollstuhl zu dem neun Kilometer entfernten Gasthaus.

Ich habe ein Bild vom irischen Abend gesehen. Sie, 26 Jahre jünger als der Roman-Held, sitzen im Rollstuhl. Sie schauen nicht in die Kamera. Sie schauen einen der Musiker an, der Ihnen die Hand reicht. Sie sehen glücklich und unendlich dankbar aus. Als die Polizei Sie findet, kann sie nicht helfen. Ihr Rollstuhl passt nicht in den Polizeiwagen. Da sammeln die Gäste spontan 50 Euro, laden Sie zu einer Runde ein und spendieren die Fahrt mit einem Behinderten-Taxi. Am nächsten Tag macht die Band auf der Rückreise nach Irland eine Stippvisite im Seniorenheim und überrascht Sie und alle anderen Mitbewohner mit einigen Liedern.

Ihre Rollstuhlfahrt bewegt uns. Ist das Leben im Alter nicht viel zu häufig nur noch ein Blick in den Rückspiegel, mit ollen Kamellen, immer und immer wieder erzählt, die keiner mehr hören will? Wie viel ist das Leben noch wert, wenn wir keine Wünsche, keine Träume mehr haben? Und niemanden, der sie uns erfüllen kann.

Lieber Horst Rostek,
Allan und Sie haben eines gemeinsam. Sie beide sind schelmisch, skurril und beweglich genug, um sich auf den Weg zu machen. Wobei mir Ihre Geschichte besser gefällt als die von Autor Jonas Jonasson. Er lässt Allan Karlsson in seinen 100 Jahren Franco, Truman, Stalin und de Gaulle treffen – und bei seiner Flucht Diebe und Elefanten. Ihre Geschichte ist nicht so fantastisch, eher ehrlich. Sie schreibt das Leben, sie schreibt das Herz. Es bleibt ein bisschen Traurigkeit. Ich möchte nicht, dass Sie ausreißen müssen, heimlich flüchten müssen, um glücklich zu sein. (24.08.2013)

Sie ist Schauspielerin und Buchautorin, eine Frau, die ihre Meinung mit Leidenschaft verteidigt. Anfang Februar 2013 lässt sie sich auch in der Talkshow von Markus Lanz nicht davon abbringen: Gescheiterte Existenzen aus dem Dschungelcamp dürfen nicht für den Grimme-Preis nominiert werden.

Sehr geehrte Frau Sass,
das Leben hat es nicht immer gut mit Ihnen gemeint, aber auch Sie sind nicht immer gut mit Ihrem Leben umgegangen. Als Sie 1982 im Westen den »Silbernen Bären« erhielten, stellte das DDR-Regime Sie kalt. Erst nach zwei Jahren bot man Ihnen wieder Rollen an. Nach der Wende wurde es still um Sie. Sie flüchteten in den Alkohol, versagten am Set, um dann doch die Sucht zu besiegen und mit »Good Bye, Lenin!« ein glänzendes Comeback zu feiern. Es war ein Welterfolg, mit dem Sie die DDR zu Grabe trugen und ein wenig wohl auch Ihre eigene Vergangenheit.

Sie haben in Ihrem Buch »Das Glück wird niemals alt« schonungslos offen über Ihre Ost-West-Karriere, Ihren Kampf ums Überleben gesprochen. So direkt, authentisch, aber auch aufgeregt haben Sie auch in der Talkshow von Markus Lanz Ihre Position vertreten. Viele meiner Kollegen haben Sie dafür heftig angegriffen, kritisierten Ihren Diskussionsstil als »arrogante Schulmeisterei« und »unter der Gürtellinie«. Mir hat Ihr Auftritt imponiert. Endlich mal nicht eine dieser langweiligen Talkshows, Plattform für eitle Selbstdarsteller, die ihre neuen Bücher, Filme und Sendungen vermarkten. Endlich mal ein Gast mit Ecken, Kanten, unangepasst, leidenschaftlich aufbrausend.

Ich teile Ihre Meinung. Es ist ein Unding, ja eine Zumutung für den guten Geschmack, den Affenzirkus mit meist gescheiterten Existenzen aus dem Dschungelcamp für den Grimme-Preis zu nominieren. Und wir tun Rainer Brüderle Unrecht, wenn wir die sicherlich notwendige Sexismus-Debatte so eng mit seiner Person verbinden – nur weil eine Journalistin auf die Idee kam oder auf die Idee gebracht worden ist, eine Reportage über den FDP-Rentner mit einer Anekdote über eine Begegnung an der Bar zu beginnen. Mit Aussagen eines Mannes, die eine selbstbewusste Frau mit Straßenabitur eiskalt auskontern würde.

Sehr geehrte Frau Sass,
eine Frau wie Sie, die am Abgrund stand, nur Millimeter vom totalen Absturz entfernt, und die sich aus eigener Kraft gerettet hat, geht keine Kompromisse ein, lässt sich von niemandem verbiegen. Nicht von Magazinen, die Auflagen machen wollen. Und von Chaoten, die für Geld Maden essen, schon gar nicht. (09.02.2013)

Harald Schmidt feiert seinen 55. Geburtstag. Als Entertainer hat er schon bessere Zeiten erlebt; auf Bezahlsender Sky ist seine Fangemeinde überschaubar.

Lieber Harald Schmidt,
es gab Zeiten, da konnte ich noch so hundemüde sein, ich habe keine Sendung von Ihnen verpasst. Sie waren so herrlich unangepasst, so ungestüm direkt, mutig und tabulos, so voller Angriffslust. Selbst Ihre wechselnden Arbeitgeber, ARD und Sat.1, bekamen ihr Fett ab. Ihre Late-Night-Show war Kult, Pflichtprogramm, war eine satirische Tagesschau zum Mitdenken, Fremdschämen und Verzweifeln. Mit Dirty Harry in Bestform, dem Lästermaul der Nation, dessen Sprüche am Stammtisch diskutiert wurden. Sie waren der König der intelligenten Unterhaltung, ein grollender Giftmischer. Fast krankhaft eitel, augenzwinkernd großkotzig, verletzend zynisch – so waren Sie nun mal, Harald Schmidt, der Star.

Glückwunsch. Heute werden Sie 55. Aber irgendwie kommen Sie rüber wie ein zermürbter, müder Satiriker im vorgezogenen Ruhestand, dem es scheinbar reicht, dass sich ab September der Bezahlsender Sky dreimal wöchentlich mit einer Legende schmückt. Nun gut, es wird sich lohnen. Wer eine halbe Milliarde Euro für Fußball ausgibt, lässt sich bei Ihrer Gage bestimmt nicht lumpen. Die bezahlen Ihre neuen Chefs aus der Portokasse. Sky aber verbinde ich mit Bundesliga, Kneipen-Fußball, Konferenzschaltung, mit nervendem Geschwafel von Lothar Matthäus und langweiligen, gegelten Moderatoren in feinem Zwirn. Sky ist keine Bühne für das Comeback Ihrer Leidenschaft. Die gehört sowieso dem Theater, dem Live-Erlebnis. Allerdings fehlt Ihnen als Schauspieler das Talent, ob an Bord des Traumschiffs oder bei Ihrer Bühnen-Premiere mit nur einem gesprochenen Satz. Wir haben Ihnen all ihre peinlichen Fehltritte verziehen. Als Moderator im Smoking bei Galas mit affektierten Stars, als Showmaster der leichten Unterhaltung am Samstagabend, im Duett der Peinlichkeiten mit Pocher.

Lieber Harald Schmidt,
ich werde Sky nicht abonnieren, um Frustphasen zu finanzieren. Ich werde warten, bis Sie aus der Schmollecke zurückkehren und wieder ganz der Alte sind. Ein Harald Schmidt, der uns wach hält. (18.08.2012)

Ex-Bundeskanzler Helmut Schmidt, der große, alte Mann der Politik, dem auch die Jüngeren zuhören. Mehr denn je ist seine Meinung gefragt, in Talkshows, Interviews und Büchern. Seine Antworten: kurz, kompromisslos, ehrlich.

Sehr geehrter Herr Schmidt,
Sie sind nach Gerhard Schröder der zweite Ex-Kanzler, dem ich schreibe. Bei Ihnen beiden hatte ich einmal wegen Interviews angefragt. Ihr Partei-Kollege, mittlerweile auf der Gazprom-Gehaltsliste, ließ auch nach mehrmaliger Erinnerung nichts von sich hören. Sie sagten ab, freundlich, aber entschieden. Ich verwahre den Vierzeiler mit Ihrer Unterschrift wie einen Schatz in der Schublade meiner Erinnerungen.

Sie sind für mich der Mann des Jahres. Ich habe Ihr neues Buch, die gesammelten Interviews mit Zeit-Chef Giovanni di Lorenzo, in einem Stück gelesen, jede Ihrer Antworten verschlungen. Es war mehr als eine politische Lehrstunde. Jede Aussage war eine Autobahn ohne Abfahrten ins Geschwafel, eine Blume ohne Stiel. Sie haben sich auf das Wesentliche reduziert. Kompromisslos, aber nie nachtretend, ehrlich. Ein Beispiel. Giovanni di Lorenzo: Wie ist der Satz: »Wer Visionen hat, soll zum Arzt gehen« überhaupt in die Welt gekommen? Helmut Schmidt: »Es war eine pampige Antwort auf eine dusselige Frage.«

Sie reden so anders als Politiker, die noch was zu sagen haben und hätten, denen wir aber nicht mehr vertrauen. Wir sind müde geworden, denen zuzuhören. Wir nennen es Politikverdrossenheit. Sie sind ein 93-jähriger Souverän, der sagen kann, was er will. Weil Sie nicht abhängig sind. Von Macht und Wählerstimmen, von Geld und Eitelkeit. Sie sind ein Vorbild, das anecken darf und muss. Ich teile Ihre Meinung nicht immer, schon gar nicht Ihre Einschätzung zum Massaker auf dem Platz des Himmlischen Friedens in Peking vor 23 Jahren. Ich verherrliche nicht Ihre Karriere. Sie sind nicht nur der Mann, den wir auf alten Bildern sehen. Im Hubschrauber als Krisenmanager der Flutkatastrophe. Als einsamer Entscheider am Schreibtisch im Deutschen Herbst, als Passagiere und Crew der Lufthansa-Maschine in Mogadischu um ihr Leben fürchteten. Ihre wahre Größe ist, dass Sie auch mit sich selbst gerecht umgehen und Fehler eingestehen. Es war »verkehrt«, wie Sie sagen, und doch so menschlich, sich anfangs von den RAF-Verbrechern erpressen zu lassen. Sie haben daraus gelernt und fortan knallhart und absolut richtig entschieden. Es war die schwerste Entscheidung Ihres Lebens, den Terroristen nicht nachzugeben. Und Sie ahnten schon damals, dass Sie sich den Tod von Hanns Martin Schleyer nie verzeihen würden.

Sehr geehrter Herr Schmidt,
Sie wollen kein Mitleid, kein Schulterklopfen, keine Ja-Sager. Sie sind ein alter Mann, dem auch die Jüngeren zuhören. Sie sind der beste Lehrer Deutschlands.

(27.10.2012)

Wenn aus einem Bundeskanzler ein Hausmann und Familienvater wird: Gerhard Schröder hält seiner Frau im Niedersachsen-Wahlkampf den Rücken frei. Pudding kochen statt Putin anrufen.

Sehr geehrter Herr Schröder,
ein Bekannter hat Sie neulich auf Borkum getroffen, beim Bäcker an der Ecke. Sie, der einst mächtigste Mann im Staate, standen in Jeans und Regenjacke, an jeder Hand ein Kind, vor der Verkaufstheke in der Schlange. Da Ihre Frau 2013 für den Landtag in Niedersachsen kandidiert und bald Tag für Tag, Abend für Abend auf Stimmenfang geht, ahnen wir, dass sich Ihre Rolle im Familienalltag nicht nur aufs Brötchenholen in den Ferien beschränken wird.

Sie waren sieben Jahre lang ein Kanzler mit Ecken und Kanten, eine Ihrer besten Entscheidungen war sicherlich, die USA ohne unsere Soldaten in den Irak-Krieg ziehen zu lassen. Und ich gebe auch gerne zu, dass ich einen Ihrer letzten großen TV-Auftritte als Politiker nicht nur amüsant und überraschend, sondern auch menschlich fand. Da saß in der Elefantenrunde endlich mal einer, der sich nicht an die vorher verabredeten Floskeln hielt. Unsäglich finde ich es dagegen, dass ein Kanzler kurz nach seiner Amtszeit auf der Gehaltsliste von Gazprom steht. Als ich um ein Interview bat, um Sie nach Unabhängigkeit und Moral zu befragen, bekam ich von Ihrem Büro nicht mal eine Antwort. Dasselbe Büro übrigens, das Ihre Wahlkämpfe organisierte und mich im Wahlkampf mit seinen ständigen Anfragen nervte, wann Sie endlich zum Interview ins Pressehaus kommen dürften.

Was für ein neues Leben. Statt rotem Teppich, Luxus-Buffet und Agenda 2010 nun Flurputzen, Fischstäbchen und Aldi. Ihre Frau hat verraten, dass es für Sie ein »harter, teilweise bitterer Lernprozess« war, sich um die Kleinigkeiten des Alltags zu kümmern. Da tun sich eine Menge Fragen auf. Können Sie eigentlich kochen? Studieren Sie die Schnäppchenangebote der Supermärkte? Was für Einschlaf-Geschichten erzählen Sie Victoria und Gregor? Was machen Sie, wenn Sie im Wartezimmer des Kinderarztes sitzen und Ihr Duz-Freund Putin ruft an, um von alten Zeiten zu schwärmen? Ein Bundeskanzler a. D. als Hausmann und Familienvater.

Sehr geehrter Herr Schröder,
vielleicht hilft Ihnen beim Rollentausch die Lebensweisheit eines Freundes. Was, hat er mir verraten, gibt es Wichtigeres, als am Bett der kranken Tochter zu wachen und ihre Hand zu halten? (05.05.2012)

A. Clamah
Mai 2014

Im August 2013 streitet die ganze Welt: Ist Edward Snowden, der die größte Überwachungsaffäre aller Zeiten ausgelöst hat, ein Verbrecher? Oder ist er ein mutiger, selbstloser Mann, der seine Freiheit aufgab, um für unsere Freiheit zu kämpfen?

Sehr geehrter Herr Snowden,
es ist noch nicht lange her, da waren Sie nur ein unbedeutendes Rädchen im Geheimdienstgetriebe. Heute sind Sie für die einen ein Verräter und Verbrecher, der lebenslang hinter Gitter gehört. Für die anderen ein Held, ein Weltverbesserer, ein Kämpfer für unsere Freiheit. Auf jeden Fall sind Sie der Grund, warum die Beziehung zwischen den mächtigsten Männern der Welt, Obama und Putin, noch nie so eisig war wie jetzt.

Im Juni haben Sie sich als Informant geoutet. Sie gaben zu, die Zeitung »Guardian« mit streng geheimen Unterlagen versorgt zu haben. Damit lösten Sie die größte Überwachungs- und Spionage-Affäre aller Zeiten aus. In einem Video, aufgenommen in einem Hongkonger Hotelzimmer, sehen Sie aus wie einer, der zu lange vor dem Computer gehockt hat, der zu selten an die frische Luft kommt. Blass, übernächtigt, unrasiert. Was mir auffällt: Aus Ihrem Blick spricht keine Angst, keine Panik. Er ist eher nachdenklich, ruhig, auch enttäuscht. Sie sagen: »Ich habe Hoffnung, dass – was auch immer mit mir passiert – der Ausgang positiv für die USA sein wird.« Es ist Ihr Heimatland USA, das Sie jetzt jagt, um Sie für den Geheimnisverrat zu bestrafen. Für das Sie gegen den Irak freiwillig in den Krieg ziehen wollten. Dann aber brachen Sie sich im Trainingscamp beide Beine, und es war vorbei mit dem Militäreinsatz.

Sie sind ein Mensch auf der Flucht und werden es wohl immer bleiben. Wochenlang haben Sie sich auf dem Moskauer Flughafen verkrochen, jetzt verstecken Sie sich irgendwo in Russland. Wenn ich Sie aufspüren und interviewen könnte, ich hätte so viele Fragen: Fühlen Sie sich ungerecht behandelt? Würden Sie noch einmal die Vereinigten Staaten an den Pranger stellen, weil diese die ganze Welt aushorchen? Wie groß ist das Heimweh, die Sehnsucht nach Ihrer Familie, Ihrer Freundin? Nach einem ganz normalen Leben, wie Sie es einst geführt haben? Mit einem Haus auf Hawaii, einem Arbeitsplatz und einem Jahresgehalt von 120.000 Dollar. Dies alles haben Sie aufgegeben, weil Sie sich mit dem Staat und einem Präsidenten angelegt haben, der 2008 in seinem Wahlprogramm versprochen hatte, sogenannte Whistleblower, also Informanten wie Sie, die interne Informationen nach außen geben, stärker zu schützen.

Sehr geehrter Herr Snowden,
ich halte Ihnen zugute: Sie haben aus Gewissensgründen das System enttarnt, nicht dessen Ergebnisse und betroffene Personen. Ihre weitergegebenen Dokumente fügen niemandem direkten Schaden zu. Sie haben eine Straftat begangen, weil Sie »nicht in einer Welt leben möchten, in der alles, was ich tue und sage, aufgezeichnet wird«. 55 Prozent der US-Bürger stärken Ihnen den Rücken, 34 Prozent halten Sie für einen Verräter. Ich finde es gut, dass auch unser Bundespräsident klare Kante zeigt und Ihnen Respekt zollt. Sie kämpfen für die Freiheit jedes Einzelnen und haben dafür Ihre Freiheit aufgegeben.

(17.08.2013)

Gertrud Steinbrück wehrte sich stets gegen die Rolle, Landesmutter zu sein. Und obwohl ihr Mann sie mit seiner Kanzler-Kandidatur überrumpelte, hielt sie im Wahlkampf zu ihm. Eine starke Frau verzeiht Fehler.

Sehr geehrte Frau Steinbrück,
bisher haben Sie die Öffentlichkeit gemieden, aber in den letzten Tagen ist viel über Sie geschrieben worden. Ich habe trotzdem noch Fragen: Wie haben Sie sich an jenem 28. September gefühlt, als die Schulsekretärin Sie im Unterricht mit einem Zettel informierte, Sie mögen Ihren Mann anrufen? Standen Sie auf dem Flur, dem Schulhof oder mussten Sie im Lehrerzimmer flüstern, als er Ihnen am Telefon mitteilte, dass er gleich seine Bereitschaft verkünden werde, als SPD-Kanzler zu kandidieren? Das klingt nach Überrumpeln, übertriebenem Aktionismus, nicht nach ernsthafter Diskussion oder gar Mitspracherecht. So eine Entscheidung, die das Leben der gesamten Familie zumindest für ein hektisches Wahljahr verändern wird, bespricht man eigentlich in aller Ruhe und am besten am Küchentisch. Zumal für Sie »die Familie etwas Heiliges, eine Art Schutzgemeinschaft ist«. Ihr Peer hat die Regeln dieser Schutzgemeinschaft gebrochen und musste sich beim Familienrat verantworten. »Es war ein Gerichtstermin für ihn«, haben Sie uns verraten.

Mir imponiert, wie ehrlich, aber auch rücksichtsvoll und souverän Sie mit dem Schnellschuss der Sozialdemokraten umgehen, der nicht nur Sie und Ihre drei Kinder, sondern auch die SPD und, wie sich zeigt, Ihren Mann überforderte. Anders ist sein peinliches Kandidaten-Management nicht zu entschuldigen.

Sie haben Ihre eigene Vita, Ihre eigenen Interessen und Ziele, Ihre eigene Persönlichkeit. Sie sind Lehrerin am Amos-Comenius-Gymnasium in Bad Godesberg, das Sie als Schülerin mit einem nicht so berauschenden Notendurchschnitt verließen. Deshalb konnten Sie nicht Medizin studieren. Sie sind Lehrerin aus Leidenschaft, nicht streng, aber konsequent, und fordern, was Sie vorleben: »Ich gehe nie unvorbereitet in den Unterricht und erwarte dasselbe von den Schülern.« Sie imponieren mir. Weil Sie den Spagat schaffen. Sie sind eine Frau, die sagt, was Sie will, und kompromisslos Ihren Weg geht. Die aber auch die Geborgenheit in der Familie sucht, Ihren Mann mit seinen Stärken und Schwächen schätzt, ihm Fehler verzeiht. Ihre Botschaft würde mancher Ehe, mancher Familie guttun. So paradox es klingt. Sie beide verbindet die Eigenständigkeit des Partners, der kritische Umgang miteinander und der Respekt vor der Leistung des anderen. Und der Realitätssinn: »Ehe und Familie«, sagen sie, »sind kein Hollywood-Film, der nach 90 Minuten ein Happy End hat.«

Sehr geehrte Frau Steinbrück,
Sie wollten nie eine Landesmutter sein oder bessere Hälfte des Peer Steinbrück, wollten nicht gelebt werden und nahmen öffentliche Termine nur wahr, wenn Sie Zeit hatten. Morgen nehmen Sie sich die Zeit und kommen nach Hannover, wo die Partei ihren Kanzler-Kandidaten bejubelt. Sie werden sich mit Ihrem Mann freuen, ihn umarmen und ihm Mut machen für den Wahlkampf. Aus Liebe. (08.12.2012)

Kanzler-Kandidat Peer Steinbrück, sein Kampf um Wähler und gegen Tränen. Bei einer SPD-Talkshow hat er seine Gefühle nicht im Griff, als seine Frau den Moment beschreibt, der die Familie aus ihrer heilen Welt holte.

Sehr geehrter Herr Steinbrück,
die Welt kann so ungerecht sein, oder? Wie weh tun diese Fotos, auf denen sich Ihre Konkurrentin Tag für Tag im Kanzler-Bonus suhlt? Angela Merkel bei der Papst-Audienz in Rom. Angela Merkel auf der VIP-Tribüne in Wembley. Angela Merkel, die starke Frau beim G-8-Gipfel in Irland, umrahmt von den mächtigsten Männern der Erde. Angela, die in Berlin ihren neuen Freund Barack herzt. Die als entschlossene Staatschefin Putin in Moskau zeigt, wo es in Sachen Beutekunst langgeht. Die Mutter der Nation auf dem Rundflug über Hochwassergebiete. Und Sie? Fotos zeigen Sie nach der Niederlage Ihrer Borussen, mit traurigem Verlierer-Gesicht, allein, irgendwo in Dortmund. Wir sehen Sie schwitzen vor der Hollywood-Show am Brandenburger Tor und bekommen die Bilder nicht aus dem Kopf vom SPD-Parteikonvent. Ihre zitternden Hände. Ihre Fassungslosigkeit. Tränen, die nicht lügen.

Ich mache mir Sorgen um Ihre Gesundheit. Ich kenne kaum einen Menschen, den neun Monate so gezeichnet haben, der schnell so dünnhäutig geworden ist. Sie wurden Kanzlerkandidat, weil Steinmeier nicht wollte und Gabriel nicht konnte, weil Sie der starke Mann zu sein schienen, den die Sozis für seine schnellen, scharfen Worte schätzen. Der Steinbrück, ja das ist der, der Klartext spricht. Das ist guter Gegenspieler der Kanzlerin, die innenpolitische Probleme lieber aussitzt und es mit Trainer-König Otto Rehhagel und seiner Taktik der kontrollierten Offensive hält: Abwarten, bis der Gegner Fehler macht. Ich fand es gut, dass Sie Ihre Redner-Honorare öffentlich machten. Und warte bis heute darauf, dass die Schwarzen endlich nachziehen.

Sie wissen, dass Sie Fehler gemacht haben. Gleich am Anfang den schwersten, als Sie Ihre Frau am Telefon mit der Kanzlerkandidatur überrumpelten. Als Sie Ihre Familie aus der heilen Welt holten. »Uns ging es supergut. Wir hatten Freiheit, wir hatten Freizeit … und nun wird er verhauen …«, sagt Ihre Frau bei der SPD-Talkshow, und Sie, der Politiker Steinbrück, der als Mensch Wählerstimmen holen soll, kämpften in diesem Moment mit den Tränen. Die Welt, sie ist fürwahr ungerecht, die politische sowieso. Nach der Phase eigener Peinlichkeiten suchen Sie nun die Schuld für Ihre Demontage bei anderen. Bei Journalisten, bei falschen Beratern, zuletzt beim SPD-Parteichef. Aber was hatten Sie erwartet? Troika-Freundschaften in der SPD, das waren doch immer schon Mogelpackungen.

Sehr geehrter Herr Steinbrück,
mein Bauchgefühl sagt mir: Mit Ihrer direkten, ehrlichen Art wären Sie eigentlich der beste Mann, den die SPD hätte finden können. Doch Sie haben sich zu lange blenden lassen von dem Applaus in Zeiten, als Sie Ihre Karriere vergoldeten. Aus dem umjubelten Macher am Rednerpult wurde ein angeschlagener, mittlerweile an sich selbst zweifelnder Wahlkämpfer, der Gefühle zeigt. Mit Mitleid gewinnt man kurzzeitig Herzen, aber im September keine Wahl. (29.06.2013)

Im Mondpalast, dem Volkstheater des Ruhrgebiets, feiert die Komödie »Wilhelmstraße« Premiere. Auch im zehnten Jahr nach der Eröffnung schafft es Prinzipal Christian Stratmann, seine Gäste lächeln und lachen zu lassen.

Lieber Christian,
ich erinnere mich sehr gut an unsere erste Begegnung im Januar 2004. Nur die Bühne im Mondpalast war erleuchtet, wir saßen im Dunkeln in einer der hinteren Reihen und verfolgten gemeinsam die Generalprobe für das erste Stück. Du, der Prinzipal, der 350.000 Euro in den Traum vom eigenen Theater investiert hattest. Ich, der Journalist, der über das erste Volkstheater des Ruhrgebiets schreiben wollte und Deine Vorfreude, aber auch die Angst des Scheiterns spürte.

Jetzt, neun Jahre danach. Du standest während der Talkshow neben mir auf der Bühne, ich fragte beim Publikum ab, wer schon mal Dein Gast gewesen sei. Jeder der 120 Zuhörer hob seine Hand. Du hast die Rolle Deines Lebens gefunden. Dein Mondpalast ist ein Dauerrenner im Revier, ein Starlight Express ohne Rollschuhe. Du musst ein glücklicher Mann sein. Wer schafft es schon, Woche für Woche so viele Menschen lächeln und lachen zu lassen. Allein an einem Samstagabend, als Herr von mittlerweile drei Häusern, begrüßt Du mehr als 1000 Gäste. Am liebsten am Eingang per Handschlag, mit netten Worten, gern auch mit einem flotten, frechen Spruch.

Es war ein langer Weg, auch in den letzten Jahren. In Essen, da durftest Du an der Tür stehen und das Programm ankündigen, den Applaus bekam Dein Bruder, der WDR-Doc aus Bottrop-Batenbrock.

In Wanne-Eickel, wo vier Mal pro Woche der Mond aufgeht, haben Dir Tops wie »Ronaldo & Julia« oder »Die Flurwoche« Mut gemacht, auch den RevuePalast Ruhr und die Kammerspielchen zu eröffnen. Flops haben Dich gelehrt, umdenken zu müssen. Anfangs waren platte Schenkelklopfer verpönt, heute jagen im Minutentakt die Gags, nicht selten auch die der anzüglichen Art, durch die »Wilhelmstraße«, wie das neue Stück heißt. Die Zeiten in Deinem, in unserem Revier sind nun einmal schneller, oberflächlicher geworden.

Zu Deinem 60. Geburtstag hat Intendant Thomas Rech eine launige Rede gehalten, mit dem Humor, den du so magst. Humor, der mit kleinen Nadelstichen unter die eitle Haut geht. Thomas hat gesagt, dass Du es geschafft hast, die beiden eigentlich unvereinbaren Begriffe »Unternehmer« und »Würde« zusammenzuführen. Und zitierte Dich: »Ich würde niemals was unternehmen, das kein Geld bringt.« Recht hat er, hast Du. Die kreativsten Ideen sind für die Tonne, wenn die Kohle nicht reinkommt, sagen wir im Revier.

Lieber Christian,
ich schreibe Dir heute nicht, weil Du gerade mit dem ersten Demografie-Preis im Ruhrgebiet für aktives Alter voller Leidenschaft und Verantwortung ausgezeichnet worden bist. Geschenkt! Ich will Dir vielmehr sagen, dass mir imponiert, wie Du Deine Lebensfreude an Mitmenschen weitergibst. Dass ich es toll finde, dass Dein Mut für die risikoreichste Entscheidung Deines Lebens mit jeder Vorstellung belohnt wird. Du bist der Prinzipal Christian Stratmann. Und längst nicht mehr Doktor Stratmann sein Bruder. (08.06.2013)

Vor mehr als einem halben Jahrhundert ist Heinz Stücke aufs Rad gestiegen, um die Welt zu erkunden. Jetzt ist der 74-Jährige ins westfälische Hövelhof zurückgekehrt. Mit einer Menge Geschichten in den Satteltaschen, aber ohne Geld und Rentenanspruch.

Sehr geehrter Heinz Stücke,
ich schaue auf ein Foto. Es zeigt Ihr Rad, Ihr Zelt; es zeigt Sie. Sie sind kopflos, auf Ihren Schultern lastet eine Weltkugel.

Vor 51 Jahren sind Sie davongeradelt, nach einem Streit mit Ihrem Vater. Seitdem sind Sie 648.000 Kilometer mit dem Rad gefahren, haben 196 Länder gesehen und 21 Reisepässe vollstempeln lassen. Jetzt, da Sie 74 Jahre alt und wohl auch ein bisschen krank sind, kehrten Sie dorthin zurück, wo Sie fünf Jahrzehnte lang nicht waren, wohin Sie eigentlich auch nicht mehr wollten. Ins westfälische Hövelhof, in Ihr Heimatkaff, das Ihnen damals zu piefig, zu provinziell, zu eng, zu langweilig geworden war. Sie haben keinen Cent in die Rentenkasse eingezahlt, waren nie krankenversichert. Deshalb mussten Sie den Gemeinderat anpumpen, leben von der Sozialhilfe. Hövelhof brachte Sie in einer leer stehenden Hausmeisterwohnung unter, ansonsten hätten Sie kein Dach über dem Kopf. Für mich sind Sie kein Held, ein Vorbild schon gar nicht. Für mich sind Sie ein Schmarotzer im Sattel.

Nicht, dass Sie mich falsch verstehen. Ich liebe Abenteuer und Alleingänge. Ich bewundere Menschen, die den Mut haben, aus dem Alltag auszubrechen. So wie Schalke-Chef Clemens Tönnies, der gemeinsam mit einem Freund mit einem Geländewagen in drei Monaten

von Südafrika bis in seinen Heimatort fahren möchte. Oder Fußballtrainer Thomas Tuchel, der ein Jahr lang nicht im Hamsterrad Bundesliga rotieren möchte. Die beiden erfüllen sich Träume, gehen mal andere Wege, testen sich, brechen aus. Sie haben es sich verdient.
Wer fast sein ganzes Leben unterwegs war, hat viel zu erzählen. In der Wüste Afrikas wären Sie fast verdurstet. Sie überlebten vier Unfälle mit Autos, sechs Mal hat man Ihnen das Rad gestohlen, jedes Mal haben Sie es zurückbekommen. Sicherlich werden sich Verlage und TV-Sender finden, denen Sie Ihre Geschichte verkaufen können; die sich mit Ihnen brüsten, so wie der Bürgermeister von Hövelhof. Er ließ sich für die Ortspresse mit Ihnen, dem verlorenen Sohn, ablichten. Schon unterwegs haben Sie Broschüren mit Ihren Anekdoten verscherbelt, zum Leben reichten die Einnahmen nicht. Sie sind der armseligste Abenteurer, den ich kenne. Als Ihr Vater starb, waren Sie in China. Als Ihre Mutter starb, begleiteten Sie Goldgräber durch das Amazonas-Gebiet. Zu beiden Beerdigungen kehrten Sie nicht heim.

Sehr geehrter Heinz Stücke,
zum Schluss gab es aber kein neues Land mehr, das Sie im 15-km/h-Tempo bereisen konnte. Eigentlich wollten Sie noch in die DDR radeln, doch die Geschichte hat Sie überholt. So kurios es klingt: Am Ende war selbst die weite Welt für Sie zu klein. Es gab keinen Ort mehr, in den Sie flüchten konnten. Vor Verpflichtungen, vor Verantwortung, vor sich selbst. Es gab kein Ziel auf Ihrer endlosen Odyssee, außer Hövelhof. Ich wünsche Ihnen, dass Sie in dem Nest finden, was Sie 51 Jahre lang gesucht haben. (31.05.2014)

Nach seinem Verzicht auf das Amt als Bischof von Limburg wird es einsam um Franz-Peter Tebartz-van Elst. Der Bauernsohn aus Twisteden räumt zwar Fehler ein, fühlt sich aber letztendlich nicht verantwortlich für den millionenschweren Prunkbau seines Bistumsitzes.

Sehr geehrter Herr Bischof,
nehmen Sie es mir nicht übel, aber der Name Franz-Peter Tebartz-van Elst steht momentan für Lüge, für Verschwendung, für Vertrauensverlust. Er steht für einen Mann, der am Ende Fehler eingesteht, aber zwischen den Zeilen zu erkennen gibt: Eigentlich bin ich es doch, dem Unrecht getan wird.

Damit wir uns nicht falsch verstehen: Es steht mir überhaupt nicht zu, über Sie zu richten. Ich bin jedoch der Meinung, dass kein Bischof goldene Wasserhähne, eine Luxus-Limousine und Erste-Klasse-Flüge braucht; der Papst lebt uns allen die Bescheidenheit vor. Ich bin aber auch der Meinung, dass niemand eine Hetzkampagne verdient hat, dass jeder von uns Fehler machen darf. Und die Chance erhalten soll, aus seinen Fehlern zu lernen, sie wiedergutzumachen.

Ich mache mir Sorgen. Ihre Welt wird nach dem vom Papst befohlenen Amtsverzicht einsamer, kleiner werden. Selbst Ihre Kritiker werden irgendwann daraus verschwinden. Bleiben werden Ihnen Ihre Familie, wenige Freunde und Fürsprecher, aus deren Worte Sie hoffentlich mehr aufrichtige Ratschläge als Bestätigung für Ihr Handeln saugen. Ratschläge, die Ihre Selbstkritik, nicht Ihre Selbstverliebtheit stärken.

Vielleicht gelang Ihnen der Aufstieg zu schnell. Der Bauernsohn aus dem beschaulichen Twisteden, der

Professor in Passau und mit 43 Jahren jüngster deutscher Bischof in Münster wird, der fünf Jahre später das Bistum in Limburg leitet. Mit harter Hand gegenüber den Mitarbeitern, mit durchaus autokratischem Führungsstil; unnachgiebig, konservativ, orthodox in seinen Ansichten. Ein Bischof, der, wenn überhaupt, nur unsicher lächelnd in die Kamera schaut, ansonsten eher nachdenklich, misstrauisch und schmallippig auf Fotos rüberkommt. Der seine Arme scheinbar nur in der Kirche zum gemeinsamen Gebet ausbreitet; aber nicht, um Mitmenschen Halt zu geben.

Sehr geehrter Herr Bischof,
ich möchte nicht, dass Sie an Ihrem Schicksal verzweifeln. Ich wünsche Ihnen vielmehr Mut, Kraft und ein offenes Herz für einen Neuanfang, für eine Aufgabe, die Sie erfüllt. In diesem Magazin lesen Sie meine Geschichte über Prälat Rolf Linse. Er wohnt in einem bescheidenen Häuschen, könnte mit seinen 80 Jahren längst den Ruhestand genießen. Aber er steht immer noch bei Wind und Wetter samstags auf dem Marktplatz in Bottrop, um Geld zu sammeln für Projekte, die seit mehr als 40 Jahren in Indien Kinder und Behinderte fördern. Zudem hilft er tagtäglich als Seelsorger in Gemeinden, Alten- und Pflegeheimen aus. Ich bin sicher: Rolf Linse und seine Kollegen können noch einen weiteren Mitstreiter gebrauchen. (19.04.2014)

Nachdem ihre Mutter von Elefanten totgetrampelt wurde, beschließt Nirmala Toppo zu lernen, mit den Tieren umzugehen. Mit 17 Jahren schaffte sie es, eine wildgewordene Elefantenherde aus einer indischen Stadt zurück in die Wälder zu führen.

Liebe Nirmala,
die Geschichte, die Dich in ganz Indien berühmt gemacht hat, liest sich wie ein Märchen. Ein Märchen aus einer anderen Welt, das mich sprachlos, aber auch nachdenklich macht. Du, das 17-jährige Mädchen, arm, dünn und barfüßig, hast eine Herde von wild gewordenen Elefanten gebändigt. Was mich fasziniert, ist Dein Mut. Aber mehr noch das Geheimnis, das Dich und Dein Talent zu einer Legende werden lässt.

Da lockt der Hunger elf Elefanten aus den Wäldern in die Stadt Rourkela. Erst verhalten sie sich friedlich, lassen sich von den Bewohnern füttern. Doch plötzlich rasten sie aus, zertrampeln Zäune und Hütten, beschädigen Autos, plündern Marktstände. Es bricht Panik aus, die Förster und Polizisten des ostindischen Bundesstaates Jharkhand schaffen es nicht, die Tiere aus der Stadt zu verjagen. Es gelingt ihnen lediglich, die Herde in ein Fußballstadion zu treiben.

Da erinnert sich irgendjemand an Dich, an Nirmala Toppo, das schlaksige Mädchen aus dem 30 Kilometer entfernten Bauerndörfchen Siharjor. Längst hat sich herumgesprochen, dass Du die Sprache der Elefanten sprichst. Als Du noch ein kleines Kind warst, haben Elefanten bei einem Amoklauf Deine Mutter totgetrampelt. Damals hast Du beschlossen, zu lernen, wie man mit den Tieren umgeht. Im und am Stadion warten Tausende.

a. Clanatz
Mai 2014

Sie drängen, glotzen, fotografieren. Das Blitzlicht nervt die Tiere. Sie stampfen, sie trompeten. Trotzdem bist Du nur mit einer Fackel in der Hand auf die Elefanten zugegangen, hast mit ihnen gesprochen, ja sogar geschimpft. Und am nächsten Morgen trottet die Kolonne 40 Kilometer hinter Dir her, zurück in die Wälder. Zum Schluss hast Du Dich von den Tieren verabschiedet, ihnen gedankt. Zoologen haben danach erklärt, dass es nicht auf die Größe des Menschen ankomme, für einen Elefanten sei auch ein Zwei-Meter-Mann klein. Wichtig seien Deine Haltung, Dein Auftritt, sei die Ruhe gewesen, die Du ausstrahlst.

Im Internet habe ich gelesen, dass Du Dich beim Marsch durch die Wälder am Bein verletzt hast und dass sich später die Wunde entzündet hat. Du musstest ins Krankenhaus, und die Regierung hat Dir nicht einmal die Behandlungskosten bezahlt.

Liebe Nirmala,
irgendwie bist Du trotzdem reich. Ich lebe in einer Welt, in der alles durchgetaktet und kalkuliert ist. In der auf die Zehntelsekunde berechnen wird, wann eine Sonde, die wir auf dem Mars schießen, auf dem Planeten landet. In der wir per iPhone uns und das Leben verplanen. Bei uns gibt es keine App für Elefanten-Flüsterinnen und das Wunder von Rourkela. Ich wünsche mir mehr Menschen, die keine Angst vor großen Tieren haben. Und Dir wünsche ich, dass es geldgierigen Filmbossen nicht gelingt, Dich in Hollywood zu vermarkten. Deine Welt sind das indische Bauerndörfchen Siharjor und die Elefanten in den Wäldern von Jharkhand. (14.12.2013)

In den Kinos läuft der Film »Gnade« mit Jürgen Vogel an, dessen Karriere als Schauspieler mit »Kleine Haie« begann. Da spielte Jürgen Vogel eine ehrliche Haut, den schüchternen Tellerwäscher Ingo Hermann. Und auch ein bisschen sich selbst.

Lieber Jürgen Vogel,
Sie sind der Mann für schräge Rollen, für beschädigte Figuren. Sie spielen Dealer, Gangster, Autoschieber, Prolls, Malocher und Killer mit Todessehnsucht. In Ihrem neuen Film »Gnade« stapfen sie als brummbäriger, schweigsamer Mann, mehr Maschine als Mensch, durch die nordnorwegische Schneelandschaft, in der es im Winter nicht hell wird. Doch egal, welche Rolle Sie noch annehmen, »auf die ich Bock habe oder weil ich extrem dringend Geld brauche«: Für mich werden Sie immer der kleine Hai bleiben, der Tellerwäscher Ingo Hermann, der in der Folkwang-Hochschule eigentlich nur einen Stuhl abgeben möchte und ungewollt und schüchtern in die Aufnahmeprüfung zum Schauspielstudium gerät. Es ist die Rolle Ihres Lebens. Sie spielen sich selbst. Mit »Kleine Haie«, immer noch Kult und mein Lieblingsfilm, begann vor 20 Jahren Ihre Karriere.

Nicht nur auf der Leinwand fahren Sie zur Schauspielschule nach München, hauen aber nach nur einem Tag in den Sack und ziehen nach Berlin. Dort leben Sie immer noch, im Bezirk Prenzlauer Berg, und machen, wie Sie sagen, »ganz normale Sachen«: essen, Sport, mit den Kindern auf den Spielplatz gehen.

In »Kleine Haie« begegnen Sie zwei Typen, die wir aus dem Showgeschäft kennen. Einmal dem, der nie die Rolle seines Lebens findet, dem Ewig-Zweifelnden.

Und dann dem von sich Total-Überzeugten, der für den roten Teppich geboren wurde. Sie werden für keine Kamera der Welt ein gekünsteltes Lächeln aufsetzen, Sie sind ehrlich, unangepasst, bestimmt nicht einfach, aber kein Revoluzzer. Sie sagen Sätze, die Sie sich vorher nicht ausdenken, die mir gefallen. Sätze wie »Jeder Mensch ist einsam« oder »Ein echter Kerl muss den Mumm haben, Gefühle zu zeigen«.

Lieber Jürgen Vogel,
Sie sind ein Vorort-Rebell, ein Schmuddelkind und ein Kerl, den die Frauen trotz der schäbigen Zähne lieben. Ich mag Sie wegen Ihres schiefen Grinsens, Ihres nachdenklichen Humors, Ihrer noch nicht gelüfteten Geheimnisse, Ihrer Unvollkommenheit. Sie werden immer ein bisschen mein Tellerwäscher Ingo Hermann bleiben.

(10.11.2012)

A. Clamah
Mai 2014

Nach einer erfolgreichen Tournee bringt Robbie Williams endlich wieder ein Swing-Album auf den Markt. In »Go Gentle« singt der stolze, sich sorgende Vater über seine Tochter Teddy. Der Star hat seine neue Aufgabe gefunden.

Lieber Robbie,
es gibt Konzerte, die ich nie vergessen, nie missen möchte. Die mich für einige Stunden haben schweben lassen, mit einem herrlichen Gefühl der Leichtigkeit, mit diesen seltenen Momenten grenzenloser Hochstimmung. Dazu gehören Dein Comeback bei Take That in Düsseldorf vor drei Jahren, ein perfekt inszeniertes Hightech-Spektakel voller Emotionen. Und mein persönliches Lieblingskonzert in 2013: Mein Robbie endlich zurück in Deutschland, und ich war auf Schalke dabei.

Ich weiß, dass viele Dich für einen tätowierten, selbstherrlichen und zynischen Prolo hatten, der seinem Publikum den nackten Hintern entgegenstreckt, was ich übrigens auch nicht leiden kann. Aber bis auf Boris Becker, als er noch unser Tennis-Idol Boris war, kenne ich keinen, der eine so magnetische Anziehungskraft und solch eine Ausstrahlung hat wie Du.

Nach dem schweren Unfall des Wettkandidaten bei »Wetten, dass ..?« wurde Dein Auftritt abgesagt, Du wolltest möglichst unerkannt abreisen. Doch da entdeckte Dich irgendeiner auf dem Gang unter dem Hallendach. Ein Blick zurück, ein einziges unwiderstehliches Lächeln genügte, um Tausende zum Aufschreien zu bringen. Und um mich herum schaute ich in vor Glück verträumte Gesichter von Mädchen und Frauen, die wohl alle das Gleiche dachten: Robbie hat nur mich angelächelt.

Ich mag Deine Lieder, besonders die Klassiker »Feel« und »Angels«, ich mag, wie Du mit Deinem Publikum flirtest, Deine total dominierende Präsenz auf der Bühne. Klar, Du bist durch und durch ein abgezockter Profi, ein begnadeter Entertainer, mal Gentleman, mal Filou. Aber trotzdem wirkst Du so unvergleichlich authentisch, immer bereit, Dich selbst auf den Arm zu nehmen. Aber sie sind auch spürbar, Deine Schüchternheit und Gerührtheit über so viel Zuneigung, Deine Unsicherheit und Dein Unglauben, warum 60.000 und mehr gerade Dir zujubeln.

Ich glaube, es ist Deine Geschichte, die Dich zweifeln lässt. Der kleine Robert Peter aus dem englischen Kaff Stoke-on-Trent, dessen Vater Pete vorgibt, zum Fußball ins Wembleystadion zu fahren und nicht mehr zurückkehrt, um als Varietékünstler durch die Provinz zu tingeln. Dem Du nacheifern möchtest. Schon mit drei Jahren imitierst Du die »Eiserne Lady« Margaret Thatcher, in der Schule spielst Du den Klassenclown. Es folgt ein ewiger Kampf, Stärke zu zeigen, sich und der Welt zu beweisen, was man kann, dass man der Beste ist. Du schlägst Dich durch als Haustürvertreter für Fensterrahmen, ehe Take That mit Dir die erfolgreichste Boygroup der Welt wird. Du startest eine Solo-Karriere und brichst alle Rekorde. Kein anderer hat es geschafft, in wenigen Stunden 1,6 Millionen Tickets zu verkaufen. In Knebworth singst Du an drei Tagen hintereinander vor jeweils 125.000 Fans. Aber Du erzählst auch von Deinen Drogen- und Alkoholexzessen, von Entziehungskuren und Deinen Depressionen, von Deinen Schwächen und der panischen Angst vor jedem Auftritt.

Lieber Robbie,
Dein Leben zeigt: Es gibt keinen perfekten Menschen, keinen perfekten Star. Du sagst selbst: Ich bin einer, der verbeult ist. Für Dich schwärmen Millionen Frauen; für die bist Du jetzt ein verlorener Prinz, der endlich seine Mrs. Right gefunden hat.

Ich freue mich, dass Dir Ayda und dein Töchterchen Theodora, die Du Teddy nennst, Halt zu geben scheinen. Deshalb mag ich auf dem neuen Swing-Album besonders die Single »Go Gentle«. Du hast sie für Teddy geschrieben. Aus jeder Zeile spricht der Stolz und die Sorge des Vaters. Und Deine eigene Erfahrung: »Verschwende nicht Deine Zeit mit solchen, die sich für Helden halten. Sie werden Dich betrügen.«

(28.12.2013)

Es liest sich wie ein Märchen: Eine Frau, die Vierlinge erwartet und sie gegen den Willen einiger Ärzte und ihres damaligen Freundes zur Welt bringt. Der Mut hat einen Namen: Sabrina Wilting.

Sehr geehrte Sabrina Wilting,
es sind viele Frauen, die mich in diesem Jahr beeindruckt haben. Beispielsweise Angela Merkel, die sich bei der Bundestagswahl souverän durchgesetzt hat. Oder Garca Machel, die dritte Ehefrau von Nelson Mandela. Bis zu seinem Tod wachte sie monatelang rund um die Uhr am Krankenbett ihres Mannes. Ich könnte noch viele andere nennen: Schauspielerinnen, Sportlerinnen, Musikerinnen oder auch die unzähligen Heldinnen des Alltags. Aber meine Königin des Jahres 2013, das sind nur allein Sie, die 25-jährige Bürokauffrau Sabrina Wilting aus Bocholt. Am 30. Juli haben Sie vier Kinder in der Dattelner Kinderklinik zur Welt gebracht. Sie hatten den Mut, die Entschlossenheit, zuvor nicht auf den Rat mehrerer Ärzte und Freunde zu hören. Sie haben sich entschieden für ein neues Leben. Für Ihre Vierlinge. Fürs Kinder-Glück. Aber auch für Entbehrungen. Für Stress hoch vier.

Was für ein herrliches, wunderbares Bild. Emilio, Chiara, Kilian und Fiona, alle auf ihre Weise friedlich und zufrieden schlummernd, und Sie halten schützend die Hände um Ihre Lieblinge. Was für eine dramatische Vorgeschichte. Mediziner haben Ihnen geraten, wie Sie sagen, »zwei Kinder wegmachen zu lassen«, dann hätten die zwei anderen bessere Überlebenschancen. Sie mussten mit der Angst leben, bei der Geburt zu verbluten. Und mit dem Risiko, dass Ihre Babys schwer behindert sind. Und damit noch lange nicht genug. Was für ein Feigling. Ihr damaliger Lebenspartner, der Vater der Vierlinge, ließ Sie mit der schwersten Entscheidung Ihres Lebens allein. »Wenn ich unbedingt alle haben will, wäre das mein Problem. Da müsste ich allein mit klarkommen.«

Sie waren schon vor der Geburt der zwei Jungen und Mädchen eine tolle Mutter. »Ich wollte alle vier auf die Welt bringen. Das waren doch schon Menschen, die ich auf dem Ultraschall strampeln sah.« Anfangs nur 520 bis 570 Gramm leicht, mit den für Frühchen typischen Lungenproblemen, aber ansonsten wohlbehalten, mussten die Vierlinge fast sechs Monate in der Klinik bleiben, und es verging kein Tag, keine Nacht, da Sie nicht bei ihnen waren, nicht in Datteln übernachtet haben. Zu Weihnachten durften Sie fünf nach Hause. Mit dem sicheren Gefühl, erst mal nicht allein zu sein. Die helfenden Eltern wohnen gleich nebenan. In den ersten Monaten kommt eine Tagesmutter; die Krankenkasse bezahlt zudem – zunächst für drei Monate – die Nachtschwester. Klasse finde ich auch, dass Milupa und Pampers ein Jahr lang Nahrung und Windeln schenken.

Sie wissen aber, die Zeiten werden sich ändern. Ihr Leben wird nie wieder so sein wie vor der Schwangerschaft. Ihre Freundinnen machen Party, können ausschlafen, die Welt entdecken und unbeschwert shoppen gehen, flirten, sich verlieben. Sie dagegen müssen als alleinerziehende Mutter immer für Emilio, Chiara, Kilian und Fiona da sein.

Die vier werden hungrig sein, sie werden Bauch- und Zahnschmerzen haben, sie werden schon bald in verschiedene Richtungen krabbeln. Und dann kommt die

Freude, die Angst vor dem ersten Tag im Kindergarten, in der Schule, am Ausbildungsplatz. Und irgendwann kommen auch die Wehwehchen, die kleinen und großen Sorgen, der Liebeskummer, der Ärger mit dem Chef und der Schwiegermutter. Kurz und gut: Es kommt das alltägliche Leben, und alles immer mal vier.

Liebe Sabrina Wilting,
Hochachtung. Ich bin stolz auf Sie. Ich bewundere Ihren Mut und Ihre Bereitschaft, für Ihre Kinder auf so vieles zu verzichten. Ich wünsche Ihnen die Kraft, durchzuhalten in den Stunden, da Sie sich trotz der Vierlinge einsam fühlen. Die nächsten Monate, Jahre und Jahrzehnte werden stressig. Aber sie werden auch einmalig schön werden. Weil Sie vier wunderbare Kinder haben und die wiederum eine tolle, tapfere Mama. (31.12.2013)

Seine »Fliegenden Bilder« auf der Außenfassade des »Dortmunder U«, des ehemaligen Gar- und Lagerhauses der Dortmunder Union-Brauerei, sind ganz großes Kino. Doch wann dreht Adolf Winkelmann, dem wir so viele Ruhrgebiets-Klassiker verdanken, endlich mal wieder einen Film im Pott?

Sehr geehrter Herr Winkelmann,
ich mag unsere Gespräche, Ihren vorsichtigen Humor, Ihre kurzen einfachen Sätze, die wärmenden Worte ebenso wie die kleinen stillen Revolutionen und Ihre Bescheidenheit sowieso. Nur ungern sprechen Sie von vergangenen Erfolgen. Ihre Augen strahlen, wenn Sie von neuen Plänen erzählen. Ich mag, dass Sie zuhören können, dass ich Ihnen vertrauen kann, dass Sie ehrlich sind. Ich mag Ihre kompromisslose Art des Verneinens, des Ablehnens von allem, was schlecht, was mittelmäßig ist. Ich kenne keinen, der pingeliger arbeitet als Sie. Ihre Haltung, sie ist so typisch, wenn Sie auf dem Stuhl in vorderster Reihe sitzen. Ihre Filmemacher-Haltung: völlig starr, Oberkörper und Kopf vorgebeugt, den Blick fixiert auf den Monitor. Was jetzt allein zählt, ist nur dieser eine Moment, diese Szene. Das Bild. Ihr Bild.

Natürlich war ich stolz, als ich Sie, den Macher meiner liebsten Heimatfilme »Die Abfahrer« und »Jede Menge Kohle«, kennenlernen durfte. Ich liebe die Geschichten von Atze aus dem Stahlwerk, von Bergmann Katlewski und Sulli, dem arbeitslosen Griechen; alle geboren, um zu verlieren und um unsere Herzen zu gewinnen. Geschichten, allesamt Liebeserklärungen an die Region und die Menschen. So bitter-realistisch, so deprimierend, so brutal entlarvend, aber immer mit trockenem

Witz und Ironie erzählt, dass wir heulen könnten. Vor Kummer, vor Glück, weil wir auch in diesem Ruhrgebiet gelebt haben, das es heute nicht mehr gibt. Der Ruß auf den Fensterbrettern ist weg, auch die Frische, die Unbekümmertheit und ein wenig das Selbstbewusstsein. »Wir leben in der größten Stadt Westeuropas, sind aber in unseren Herzen Dorfbewohner geblieben«, sagen Sie.

Sie haben in Dortmund etwas geschaffen, das leuchtet. Es ist Ihre Reise ins U, ins ehemalige Gar- und Lagerhaus der Union-Brauerei, mit dem Logo auf der Turmspitze. Als Kind haben Sie den Koloss nicht gemocht, auf dem Schulweg mussten Sie ihn zweimal am Tag mit dem Rad umkurven. Ich fahre auf dem Heimweg immer extra einen Umweg, damit die Tauben auf mich herunterstarren, damit ich sehen kann, dass das Bier in den Fenstern sprudelt und die schwarz-gelben Kickerfiguren durchdrehen, wenn die Borussen spielen.

Ihre »Fliegenden Bilder« sind ganz großes Kino, und im Inneren des U leben Film-Figuren in virtuellen Fensterlöchern, an denen Besucher auf Rolltreppen vorbeischweben. Sie schauen in fremde Zimmer und hören, was die Schauspieler vom Leben im Ruhrgebiet halten. In jedem steckt ein Winkelmann – böse, klug, witzig, scheu, auch verzweifelt.

Lieber Adolf Winkelmann,
die Film-Fische im Außen-Aquarium des U brauchen Futter, brauchen Geld, das die Stadt nicht hat. Ich möchte nicht, dass Sie der Ärger über Bürokraten verbraucht. Ich möchte nicht, dass Sie im Brauerei-Keller nach Schätzen suchen und Ihre Zeit vergeuden. Es ist viel zu lange her, dass Sie »Contergan« gedreht haben,

dass Leute über Ihre Filme gestritten haben. Ich würde mich freuen, wenn Sie bald wieder etwas Überraschendes, vielleicht sogar etwas Verrücktes machen, so wie Ihre und unsere Helden von einst. Lassen Sie die Säge wieder sägen! (12.10.2013)

Als ihr Mann vom Amt des Bundespräsidenten zurücktrat, rückte Bettina Wulff von seiner Seite und schrieb wenig später ihre Biografie.

Sehr geehrte Frau Wulff,
einen meiner ersten Briefe habe ich an Ihren Mann geschrieben. Ich hatte gelesen, dass er in ein Kloster geflüchtet war, und ein Bild ging mir nicht aus dem Kopf. Das Bild vom weggejagten Bundespräsidenten, der einsam an einem Seeufer steht und aufs Wasser schaut. Ich hatte Mitleid mit ihm.

Heute schreibe ich Ihnen, und es ist ein Mix aus Wut, Unverständnis und Traurigkeit, der mich dazu bewegt. Auch wenn Sie jetzt die Reißleine gezogen und alle PR-Termine abgesagt haben: Ich schäme mich für Sie. Ich schäme mich für die ehemalige First Lady im Lande und noch mehr für eine Frau, die ihren Mann bloßstellt. Die Intimitäten aus ihrem Eheleben bunten Blättern preisgegeben hat. Die gewillt war, von Talkshow zu Talkshow zu tingeln und dabei nur ein Ziel vor Augen hatte: Ihr Buch und vor allem sich selbst zu verkaufen. Selbst die Gerüchte um Ihre angebliche Rotlicht-Vergangenheit waren Ihnen nicht zu platt, zu billig, um die Werbe-Kampagne für Ihre Biografie in Gang zu bringen. Nun lese ich puren Egoismus, primitive Selbstdarstellung in fast jedem Kapitel, zwischen den Zeilen sowieso.

Ich mag es nicht, wenn jemand gedemütigt wird, der schon am Boden liegt. Sie aber denunzieren Ihren Mann, nehmen ihm das Letzte, was Sie ihm nehmen können – die Geborgenheit der Familie.

Sie haben etwas verspielt: Ihr Image einer modernen, emanzipierten, klugen Persönlichkeit, die mehr war als nur die Frau an der Seite des Bundespräsidenten. Die Ihrem Mann im Blitzlichtgewitter die Treue hielt und ihn stärkte, als nach und nach seine heile Welt zu Bruch ging. Sie schreiben selbst, wie es wirklich war: In der schwersten Stunde Ihres Mannes, als er im Schloss Bellevue seinen Rücktritt erklärte, da sind Sie bewusst einige Meter abgerückt von Ihrem Ehepartner, dem Sie versprochen hatten, ihm in guten wie in schlechten Zeiten beizustehen. Ich hatte in meinem Brief Ihrem Mann geraten, keine Biographie zu schreiben. Auch Sie hätten besser geschwiegen. Es hat schon vor Ihnen prominente Autoren gegeben, die sich in ihren Biographien vom Täter zum Opfer verklärten. Das hat viele reich, aber wenige glücklich gemacht.

Sehr geehrte Frau Wulff,
ich bin wütend über Ihren Egoismus, Ihr Selbstmitleid, Ihre Gefühlskälte, Ihre Verantwortungslosigkeit gegenüber dem eigenen Mann. Ich kann nicht verstehen, wie dumm und naiv man sein muss, so ein Buch zu schreiben und als Pressefrau mit so einer durchschaubaren Strategie Ihre Glaubwürdigkeit und unser Vertrauen zu zerstören. Ich finde es traurig, dass Sie anscheinend keine Freunde haben, die Ihnen von der Abrechnung abgeraten haben. Und es ist tragisch, dass Sie letztendlich mit dem Buch Ihr Ziel erreicht haben. Sie haben es selbst formuliert: »Ich will, dass die Leute mich so sehen, wie ich wirklich bin.« (22.09.2012)

Nach dem Rücktritt vom Amt des Bundespräsidenten beginnt für Christian Wulff ein neues, einsames Leben. Der einst erste Mann im Staate ist nur noch Privatier. Auch seine Claqueure sind verstummt.

Sehr geehrter Herr Wulff,
dass ich Ihnen den ersten Brief in unserem neuen Magazin »Schönes Wochenende« schreibe, hat einen Grund. Ich sorge mich um Sie. Es ist nämlich verdächtig ruhig um Sie geworden. Man hört, Sie hätten sich in ein Kloster zurückgezogen und arbeiteten an einem Buch. Wir sehen nur wenige Fotos. Eines zeigt Sie, besser gesagt Ihren Rücken, an einem Seeufer. Der Blick scheint aufs Wasser zu gehen. Es ist ein Bild voller Melancholie, trostlos, einsam. Es passt eher zum Herbst als zum Frühling, als zum Aufbruch. Ein anderes Foto zeigt Sie vor Ihrem Haus, über das so viel geschrieben wurde. Rechts der Zaun, links das Auto. Sie halten den Bobbycar Ihres Sohnes in den Händen. Ihr Blick scheint uns zu sagen: Das Foto, der neue Ausschnitt aus meinem Leben, der ist mir unangenehm.

Was muss in Ihnen vorgehen? Sie wurden förmlich rausgeschrieben, rausgejagt aus Ihrem Schloss; der einst erste Mann im Staat ist »nur« noch Familienvater, nur noch Privatier. Wenn noch jemand eine Zeile über Sie verliert, dann geht es um den Stand der Ermittlungen, um die Kritik an Ihrer Alterssicherung. Dass Sie ein Buch schreiben, ist den meisten einen Absatz wert. Die Schlagzeilen gehören Ihrer schreibenden Frau, gehören einer Gewinnerin. Nie, so die einhellige Medien-Meinung, hat eine Frau an der Seite des Bundespräsidenten unser Land besser vertreten.

Was machen die Männer, die Sie für Freunde hielten? Sie vermarkten ihr eigenes Ego, diesmal ohne Sie, ohne Ihren Einfluss, ohne Ihre Macht. Sie werden in Talkshows eingeladen, reden nur am Anfang über gestern, lieber über morgen, über ihr Buch, ihre Karriere. Auch Ihre Claqueure sind verstummt, es lohnt sich nicht mehr, einen Ex zu verteidigen.

Sehr geehrter Herr Wulff,
ich bin ganz sicher: Die nächsten Monate werden Sie lehren, wer Ihre wahren Freunde sind. Wer es wert ist, dass Sie ihm helfen, ihm zur Seite stehen, Partei ergreifen. Auch wenn es mir nicht zusteht, Ihnen Ratschläge zu geben. Ich würde keine Zeit damit verschwenden, ein Buch zu schreiben, sich aufs Neue zu rechtfertigen. Nutzen Sie die Zeit für die Zukunft, für einen neuen Lebensabschnitt. Dafür wünsche ich Ihnen Mut und Glück.

(21.04.2012)